HANS SACHSSE

# ÖKOLOGISCHE PHILOSOPHIE

NATUR – TECHNIK – GESELLSCHAFT

W0178230

1984
WISSENSCHAFTLICHE BUCHGESELLSCHAFT
DARMSTADT

CIP-Kurztitelaufnahme der Deutschen Bibliothek

**Sachsse, Hans:**
Ökologische Philosophie: Natur – Technik – Gesell-
schaft / Hans Sachsse. – Darmstadt: Wissenschaftliche
Buchgesellschaft, 1984.
ISBN 3-534-09026-8

1 2 3 4 5

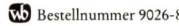 Bestellnummer 9026-8

© 1984 by Wissenschaftliche Buchgesellschaft, Darmstadt
Satz: Maschinensetzerei Janß, Pfungstadt
Druck und Einband: Wissenschaftliche Buchgesellschaft, Darmstadt
Printed in Germany
Schrift: Linotype Garamond, 9/11

ISBN 3-534-09026-8

# INHALT

# VORWORT: WAS IST ÖKOLOGIE?

Der Begriff der Ökologie wurde 1866 von E. Haeckel eingeführt zur Bezeichnung „für die gesamte Wissenschaft von Beziehungen des Organismus zur umgebenden Außenwelt". Er ist abgeleitet vom griechischen Oikos, das Haus, und man könnte ihn übersetzen als Hauswirtschaftslehre. Die Ökologie ist als Teilgebiet der Biologie verstanden worden. Man unterscheidet drei Teilbereiche. Die Autökologie behandelt die Beziehung des Einzelorganismus zu seinen äußeren Daseinsbedingungen, die Demökologie oder Populationsökologie betrifft ein Organismenkollektiv, eine Population und deren Beziehungen zur Umwelt, und die Synökologie oder Biozönologie untersucht Biozönosen, Lebensgemeinschaften, in ihrer Wechselwirkung mit den äußeren Faktoren. Die Umwelt stellt man sich dabei als ein umfassendes Gehäuse vor, von dem auf dem Wege der Evolution einzelne Nischen erobert werden. Es bietet sich das Bild, wie die Stufen des Lebendigen ineinander verzahnt sind und wie jede Stufe wieder eine Funktion für andere Stufen hat. Die ökologische Betrachtungsweise war ein großer Fortschritt, sie überwindet den individualistischen Ansatz und versteht *alles Lebendige als Glied eines umfassenden Ganzen.* Auf die Entwicklung des Menschen sind diese ökologischen Betrachtungen zunächst aber nicht angewendet worden.

Erst um die Mitte dieses Jahrhunderts wird die Ökologie auf den Menschen übertragen und gewinnt damit ihre moderne Bedeutung. 1962 erscheint von der amerikanischen Schriftstellerin Rachel Carson das Buch ›Silent Spring‹. Sie schildert in populärer Darstellung die Verwüstungen der technischen Revolution. Kennedy hat das Buch gelesen, und er erklärt das darauffolgende Jahr als Jahr des Naturschutzes für die Vereinten Nationen. 1971 befaßt sich Jay W. Forrester in seinem Buch ›World Dynamics‹ mit den Grenzen des Wachstums, es kommt zur Gründung des Klubs von Rom, der mit nüchternen Rechnungen auf die Gefahren des technischen Wachstums hinweist, und nun ist die Krise der Umwelt, durch den technischen Fortschritt vom Menschen verursacht, in aller Munde. Es ist uns klargeworden, daß die Umwelt nicht unerschöpflich ist, daß wir im Gegenteil mit knappen Reserven rechnen müssen, daß sie auch nicht konstant ist, sondern sich ihrerseits unseren wechselnden Anforderungen anpaßt, daß dasjenige, was sie liefert, nicht nur von individuellen Wünschen, sondern auch von allgemeinen Planungen abhängt und daß schließlich von der von uns veränderten Umwelt wieder eine Rückwirkung auf unsere Natur und unser Verhalten ausgeht. Diese Tatsachen werden von kaum einem nachdenklichen Menschen heute noch bestritten, aber wir haben uns ihnen mitnichten angepaßt. Daß wir selbst auch ein Bestandteil der Ökologie sind, kommt uns erst langsam zum Bewußtsein. Wir befinden uns noch mitten in einem Umwandlungsprozeß vom individuellen zum allgemeinen Denken, und die offizielle Politik ist noch weitgehend auf individuelles, expansives Wachstum eingestellt. Da der expansive Fortschritt die treibende Kraft der neuzeitlichen Entwicklung war, ist es noch nicht gelungen, eine andere Kraft an seine Stelle zu setzen. *Auch unsere Geistesgeschichte ist noch weitgehend individualistisch eingestellt.*

Wenn wir uns das ökologische Problem grundsätzlich vergegenwärtigen, so geht es dabei nicht nur um den Umgang mit Technik und Wirtschaft, sondern der Lebenssinn, der die Neuzeit beflügelt hat, ist in Frage gestellt. Wir wollen den Begriff der Ökologie weit genug fassen, wollen darunter *die Lehre von den Zusammenhängen* verstehen. Unsere Leistungen der Neuzeit sind jedoch weitgehend Erfolge auf Teilbereichen. Aber nun sind wir so weit gekommen, daß diese unbekümmerten Fortschritte nicht in der gleichen Weise weitergehen können, da sich ihre Ergebnisse gegenseitig in Frage stellen. Unsere Maßnahmen sind so wirkungsvoll und folgenreich geworden, daß mehr oder weniger das Ganze betroffen wird. Aber unsere Wissenschaft ist der Ganzheit immer aus dem Wege gegangen, weil sie sich schwer vorstellen und wissenschaftlich schwer behandeln läßt. Aber mit der endlichen Größe der Erde, die es nur einmal gibt, tritt uns nun der ganzheitliche Zusammenhang massiv entgegen. Wir werden umdenken müssen.

Was ist zu tun? Das vorliegende Buch ist bemüht, Chancen zu untersuchen und Aktionsfelder abzustecken. Wir werden dabei, soweit wie das geht, von den Grundlagen der Naturwissenschaften ausgehen (dazu H. Sachsse, Anthropologie der Technik, Vieweg, Braunschweig, 1978). Es ist überraschend, in welchem Umfang die Naturwissenschaften heute auch in bezug auf existentielle Probleme an Bedeutung gewonnen haben. Unter dem Gesichtspunkt der Ökologie werden die Zusammenhänge von Natur, Technik und Gesellschaft behandelt. Die Technik steht in der Mitte, weil sie einerseits den Menschen mit der Natur verbindet, denn das Bild, das wir von der Natur haben, ist uns von der Technik vermittelt, und der Techniker erforscht die Natur und nutzt ihre Möglichkeiten, weil andererseits die Technik *aufgrund ihrer Spezialisierung die Zusammenarbeit auf der Basis der Ergänzung fordert und damit zum Band der Vergesellschaftung wird und den Menschen zum animal sociale macht.* Aber diesen Einfluß der Technik auf unsere gesellschaftliche Lebensform haben wir noch nicht bewältigt. Einerseits ist die Menschheit durch die Technik in viel stärkerem Maße als früher untereinander verbunden und aufeinander angewiesen, ein jeder ist durch den umfassenden ökologischen Zusammenhang in höherem Maße Glied eines globalen Systems geworden, andererseits sind sich die Menschen aber fremder geworden, ein jeder lebt ungeborgener, ungeschützter in dem großen System. Hier stehen wir vor einer grundsätzlichen Wende: vor der Aufgabe, *neue Grundlagen für eine zwischenmenschliche Verständigung zu gewinnen.*

Eine ökologische Philosophie behandelt die Orientierung in diesem Zusammenhang, die Frage, wie der Mensch als Gesellschaft sein Haus – und das ist die Welt – vorfindet und wie er es einrichten soll, um in Gemeinschaft darin zu wohnen.

Zahlreichen Gesprächspartnern danke ich für wertvolle Anregung und Diskussion. Besondern Dank schulde ich dem Karlsruher Gesprächskreis, insbesondere den Kollegen Hans Lenk, Friedrich Rapp, Günter Ropohl, Alois Huning, Ernst Oldemeyer, Hans Heinz Holz und Wolfgang König. Der freundschaftliche Austausch ist ein wichtiges Geschenk sachlicher Zusammenarbeit.

Wiesbaden, Januar 1984                                Hans Sachsse

# 1. WAS BEDEUTET NATUR?

## 1.1 *Die Geschichte des Naturbegriffes*

Für die Ökologie ist der Begriff der Natur von fundamentaler Bedeutung. Aber man hat zu verschiedenen Zeiten Verschiedenes unter Natur verstanden. Wir müssen den Naturbegriff historisch verfolgen. Wir beginnen mit der prähistorischen Zeit. Runde zwei Millionen Jahre, mehr als 99 % seiner gesamten Lebenszeit hat der Mensch als Wildbeuter in kleinen Rudeln von 30 oder 40 Menschen von der Jagd und von Früchten und Wurzeln gelebt. Diese Zeit ist auch für das Verständnis unserer aktuellen Probleme bedeutsam, weil sich in ihr unsere Anlagen und Fähigkeiten, unsere Eigenheiten auf dem langsamen und sicheren Wege der Evolution herausgebildet haben. Unsere Kenntnisse über diese lange und inhaltsreiche Zeit sind lückenhaft, da wir uns diese Geschichte ohne schriftliche Überlieferung nur an Hand der paläontologischen Funde vergegenwärtigen können. *Aber sie umfaßt den stufenweisen Übergang vom Tier zum Menschen und ihr Inhalt ist die Auseinandersetzung mit der Natur.*

Die Natur war in dieser Zeit keineswegs das, an das wir denken, wenn wir heute von Natur sprechen, sie war nicht das Friedvolle und Harmonische, sondern das große, strenge, gefahrvolle Gegenüber, nicht der Freund des Menschen, sondern die wilde Natur, sein Feind. Uns ist diese Sicht verlorengegangen, da wir nur noch in Ausnahmefällen echt mit der Natur kämpfen. In mühsamen kleinen Schritten sucht der Wildbeuter sich zu befreien. Eine entscheidende Wendung ist die Freisetzung der Vorderextremitäten von der Fortbewegung, die ausschließliche Bipedie. Nun wird das Maul vom Greifen entlastet, die Hand entwickelt sich zum Tastorgan, und der Faustkeil verleiht ihr wieder die Schärfe des Gebisses. Der Faustkeil, der bearbeitete und zum Werkzeug geformte Stein, ermöglicht die Jagd und den Sieg über das Großwild. Das *Zusammenspiel von Auge und Hand erhöht sprunghaft den Bereich der Naturerfahrung.* Die Sicherheit des Waldes wird verlassen und die Savanne als neuer Lebensraum erobert. Die frühesten bearbeiteten Steine sind einige Millionen Jahre alt. Sie sind die ältesten Zeugnisse der Menschwerdung (Heberer u. a., Anthropologie, S. 37, 38, 145). Das Feuer wird erst um 750 000 v. Chr. gezähmt. Der Aufschluß der Nahrung bedeutet eine Entlastung der Verdauungsarbeit des Magens und eine Verbreiterung der Ernährungsbasis. Und das Feuer gewährt Schutz gegen Kälte und verbunden mit der Fellkleidung größere Unabhängigkeit vom Klima. Neue Werkzeuge werden erfunden, Pfeil und Bogen, Messer, Haken und Ösen.

Die Wildbeuterzeit war die Geburtsstunde der Menschheit. Der Mensch hat in dieser Zeit sein Gehirn verdreifacht, er hat sich anders als die Tiere über Kontinente ausbreiten können, und er ist an die Spitze der Evolution gelangt. Aus der letzten Zeit dieser Epoche, um 40 000 v. Chr., stammen die ersten Zeugnisse vom Innenleben der damaligen Menschen, es sind die Felsbilder. Bis zur Schrift wird es noch mehrere 10 000 Jahre dauern. Dargestellt wird ausschließlich das gefährliche und begehrte Gegenüber, *das jagdbare Großwild, das Tier.* Die Darstellung ist naturalistisch genau, aber es gibt keinen Vorder- und Hintergrund, weder Erde noch Pflanzen. Hier ist allein der Gegner gemalt, und die Genauigkeit der Darstellung läßt auf geübte Auseinandersetzung schließen, ein Weltbild von großartiger Einfachheit. Und vom Gegenüber übernimmt nun auch der Mensch die Vorstellung vom eigenen Leben, im Totemismus identifiziert sich der Klan mit dem Totemtier, und noch in der späteren sprachlichen Durchformung haben die Götter Tiergestalt. Hier bahnt sich der Übergang zur folgenden Epoche an: der Feind wird zum Vorbild.

Gegen 10 000 v. Chr. erfolgt ein tiefgreifender kultureller Wandel. Der Mensch entdeckt das Reifen des Korns und macht es sich zunutze, er bebaut den Acker und läßt sich nieder. Wie bei seinen ersten technischen Errungenschaften hat er von der Natur gelernt, aber es ist eine höhere Stufe des Lernens: Er lernt nicht, besser mit der Natur zu kämpfen, sondern sie nachzuahmen und zu lenken. Natura parendo vincitur, die Natur wird durch Gehorchen besiegt, hat Francis Bacon später gesagt. Das Gelernte führt zu einer Änderung der gesamten Lebensweise und Welthaltung. Es ist die Jungsteinzeit, und man nennt diesen Durchbruch die *neolithische Revolution.* Müller-Karpe bezeichnet ihn als den folgenschwersten Schritt in der Entwicklung der Menschheit, den recht zu verstehen für die Beurteilung der gesamten Menschheitsgeschichte entscheidend sei (Müller-Karpe, Geschichte der Steinzeit, S. 17, 18).

Wesentlich für die Umstellung ist ein neues Verständnis der Zeit, die Tatsache, daß die Zeit jetzt erst eigentlich zum Bewußtsein kommt. Das Saatgut darf nicht gegessen werden, sondern muß der Erde anvertraut werden, damit es in einem Jahr vermehrte Frucht bringt. *Die Vorstellung vom Erfolg der Zukunft muß stärker wiegen als der Hunger im Augenblick.* So treten die bürgerlichen Tugenden, das Haushalten, Vorsorgen und Pflegen an die Stelle des Jagens und Schweifens, an die Stelle von Mut und Vitalität tritt Ausdauer, Fleiß, Geduld. Aber Gesinnungen bleiben lebendig. Die Kulturepochen haben sich keineswegs exakt abgelöst, sondern sie sind verzahnt und überlappt. Noch Nietzsche hat sich für die Moral der Jäger und Sammler begeistert. Er vergleicht den Weg jener „der Wildnis, dem Kriege, dem Herumschweifen, dem Abenteuer glücklich angepaßten Halbtiere(n)" in die Gebundenheit von Ort und Pflicht mit dem Weg der Wassertiere auf das Land, geplagt von entsetzlicher Schwere und bleiernem Mißbehagen (Zur Genealogie der Moral, Zweite Abhandlung 16). Hier entsteht der tiefe Haß des Schweifenden auf den Seßhaften, der ihm den freien Raum der Bewegung abgrenzt, und er verachtet, was diesem heilig ist, er verachtet die Dauer, den Besitz, die Sorge und die Arbeit, ja, er verachtet das Leben. Die Wildbeutermoral ist auch heute nicht ausgestorben, wir können ihre Spannung nachempfinden.

*Die neolithische Revolution war ein gewaltiger kultureller Fortschritt: der Mensch hat die Welt erobert.* Die Zeit, in der sich die Menschheit verdoppelt, beträgt in der Epoche der Wildbeuter 100 000 Jahre, mit der Seßhaftwerdung schrumpft sie auf 1000 Jahre (Sachsse, Anthropologie der Technik, S. 57), und die neue Landwirtschaft produziert dafür die Nahrung. Die Arbeitsteilung führt zur Aufgliederung in Stände und Berufe, in Stadt und Land. Die Sorge um die Zukunft schafft das Eigentum. Besitz ist primär das Land, auf dem man sitzt und dann das Korn, die Vorräte, und dann die Wertgegenstände, die im Tausch erworben werden. Mit dem Besitz gewinnen jetzt Krieg und Frieden ihre eigentliche Bedeutung. Der Besitz erzeugt Mißgunst und Neid, und er verspricht im Krieg Gewinn. Auch der Wildbeuter lebt ja im Kampf mit der Natur, aber das ist sein Lebensstil, es kommt nicht zu der Eroberung fremden Eigentums. Die Seßhaften führen Krieg untereinander, der Krieg wird Gegenstand weit ausholender Planung, zum Objekt der großen Politik. Und die Menschen erfahren jetzt, anders als die Jäger und Sammler, *im Umgang mit der gezähmten Natur den Frieden, die beschirmte Ruhe.* Der Übergang zur Seßhaftwerdung lag wohl weitgehend in den Händen der Frau. Sie hütete das Feuer, suchte Wurzeln und Kräuter und sie hatte wohl auch den ersten Gewürzgarten. Und auch die Verhaltensformen des Bauern und Bürgers entsprechen mehr der weiblichen Art als der des Wildbeuters.

Die Bebauung des Landes und die großen Wasserregulierungen, die Schlösser und Burgen, die Denkmäler und Kathedralen, die Werke der Philosophie und der Kunst zeugen von der materiellen und geistigen Leistung der Agrarkulturen. Die Vielzahl und den Reichtum verdankt der Mensch dem neuen Umgang mit der Natur und dementsprechend hat sich das Bild der Natur gegenüber der Vorstellung der Wildbeuter grundlegend geändert. *Die Natur, wie sie der Landmann vor Augen hat, ist weitgehend zum Leitbild und zum Interpretationsmodell des Daseins geworden.* Aus dem Feind wurde das Vorbild. Der Mensch versteht sein eigenes Leben wie den

Wandel der Jahreszeiten, und das Aufbrechen der Erde im Frühling hat die
Hoffnung auf die Auferstehung nach dem Tode geweckt. Mit der Natur
wird nicht mehr gekämpft. Das tägliche Brot und viele Güter dieser Erde
werden ihr im vertrauten Umgang abgewonnen. Und die Erlösungsreligionen lehren die unvermeidlichen Gegebenheiten, das Schicksal, die Krankheit und den Tod in Frömmigkeit und Ergebung hinzunehmen.

Die Natur ist auch zum Bereich der Ordnung, Harmonie und Schönheit
geworden. Das Wort natürlich hat ebenso eine ästhetische wie eine ethische
Klangfarbe bekommen. Eine klassische Darstellung hat der Naturbegriff
der Agrarkulturen in der deutschen klassischen Literatur bekommen.
Schillers Lied von der Glocke ist ein prägnantes Beispiel. Goethe, fünfund-
siebzigjährig, gedenkt in der Verzweiflung der Marienbader Elegie nicht
Gottes, sondern der Natur. In seinem Todesjahr nach der Echtheit der
Bibel befragt, sagt er: „Was ist echt als das ganz Vortreffliche, das mit der
reinsten Natur und Vernunft in Harmonie steht" (Goethe, Bd. 24, S. 770).
Diese Naturvorstellung der Agrarkulturen hat sich durch die Literatur in
unserem Gefühlsleben verfestigt, so daß das *Wort Natur eine Fülle von
romantischen, ästhetischen und ethischen Assoziationen in uns auslöst.* Aber
dieses Naturbild ist von der Entwicklung noch einmal überholt worden. Im
Industriezeitalter hat der Begriff der Natur wieder eine neue Bedeutung
erhalten.

Das Bild, das man sich von einem Sachverhalt macht, hängt von den Erfahrungen ab, die man mit ihm macht. Wir hatten gesehen, wie mit der Seß-
haftwerdung der Mensch über den engeren, durch Auge und Hand vermit-
telten Naturkontakt *gelernt hat, die Natur zu lenken.* Er bringt die Natur
zu Leistungen, die sie ohne ihn nicht gekonnt hat. Immerhin sind diese
Leistungen dem Wachstum der wilden Natur noch ähnlich. Aber mit der
Entwicklung vertiefen sich die Erfahrungen von der Natur, und mit dem
Anbruch der Neuzeit kommt es zu einer neuen Methode des Studiums der
Natur, und ihre Erforschung hat heute ein Ausmaß erreicht, das in einzelnen
Fällen sogar die Leistungsfähigkeit ganzer Staaten überschreitet. Wir leben
zur Zeit in einer ungeheuren Erweiterung unserer Naturkenntnisse, es ist
kein Wunder, daß das zu einem Wandel des Naturbildes führt.

Den Anfang dieser neuen Methode der Naturbetrachtung hat Descartes
gemacht. Während des Mittelalters hatten sich die mechanischen Künste
entwickelt, und sie hatten den Vorteil, daß sie sich gut mathematisch beschreiben lassen. Descartes stellt nun die ganze Natur als eine Maschine dar
und verlangt, daß *nur solche Sätze als wahr akzeptiert werden, die sich mechanisch einsehen lassen.* Und die Natur ist für ihn nicht mehr nur das, was
auf den Feldern wächst, sondern schlechthin alles, was dem Menschen ge-
genübersteht. Er schreibt ein Buch ›Von der Methode des richtigen Ver-

nunftgebrauchs und der wissenschaftlichen Forschung‹, in dem die Sätze stehen, daß es möglich sein wird, eine Philosophie zu schaffen, „die uns die Kraft und Wirkungsweise des Feuers, des Wassers, der Luft, der Sterne, der Himmelsmaterie und aller anderen Körper, die uns umgeben, ebenso genau kennen lehrt, wie wir die verschiedenen Techniken unserer Handwerker kennen, so daß wir sie auf eben dieselbe Weise zu allen Zwecken, für die sie geeignet sind, verwenden und uns so zu Herren und Eigentümern der Natur machen können". Descartes geht so weit, der Medizin die Aufgabe zu stellen, „die Menschen ganz allgemein weiser und geschickter" zu machen, „als sie bisher gewesen sind" (Descartes, Von der Methode, S. 101).

Das mechanische Modell hatte den Vorteil, daß es anschaulich ist, daß es eine detaillierte Untersuchung und Aufklärung fordert, weil es auf dem Prinzip der Nahewirkung beruht, und daß es rechnerisch leicht kontrollierbar ist. Vor allem aber: Der Begriff der Natur ist erweitert, ist geöffnet, ist entzaubert, ist enttabuisiert. Die Natur ist nicht mehr Vorbild, sondern sie ist zum Objekt geworden. Es wird eine systematische Forschung alles Gegenüberstehenden verlangt, „um zu Kenntnissen zu gelangen, die für das Leben von großem Nutzen sind" (a. a. O.). Das Konzept des Descartes hat die naturwissenschaftliche Forschung ungeheuer intensiviert, und die Umwälzungen des industriellen Zeitalters sind von ihm ausgegangen.

Allerdings hat sich das mechanische Modell in seiner Strenge nicht durchhalten lassen. Dieser Modellansatz ist *zu primitiv, um den Naturergebnissen gerecht zu werden*. Und auch bezüglich der Enttabuisierung stellt sich die Frage, bis zu welcher Grenze sie durchführbar ist. Wir spüren heute bei der Energieforschung, der Gentechnologie, der Informatik und der Pharmazie, daß wir nicht alles tun dürfen, was wir können, da der Mensch nicht nur ein naturwissenschaftliches Objekt ist. Auch fragt sich, ob die Natur nur Stoff ist, nur Objekt, wie es Descartes gesehen hat, oder ob sie nicht einen Eigenwert hat, der dem Menschen zur treuhänderischen Verwahrung übergeben ist (S. 34). Das hat dazu geführt, daß der Naturbegriff heute strittig geworden ist. Um hier weiterzukommen, müssen wir zunächst die Wissenschaft von der Natur noch näher betrachten.[1]

---

[1] Siehe dazu auch die ausführliche Untersuchung von Ernst Oldemeyer: Entwurf einer Typologie des menschlichen Verhältnisses zur Natur, in: G. Grossklaus und E. Oldemeyer (Hrsg.), Zur Kulturgeschichte der Natur. Karlsruhe 1983.

## 1.2 Die Evolution der Natur

Wir zweifeln heute nicht, daß die Erde vor einigen Milliarden Jahren ein heißer Stein war. Wie ist es denkbar, daß daraus die Fülle der Formenwelt entstanden ist? Diese Frage, die lange Zeit Gegenstand erbitterter Diskussionen war, ist heute zumindest grundsätzlich naturwissenschaftlich gelöst. Entscheidend ist, daß die Forschung von einer statischen zu einer *dynamischen Naturvorstellung* geführt hat. Der theoretische Physiker Steven Weinberg hat ein interessantes Buch über den Ursprung des Universums geschrieben mit dem Titel: ›Die ersten drei Minuten‹ (München 1983). Er schildert, was aus einem Anfangszustand von höchster Dichte und einer Temperatur von hunderttausend Millionen Grad ($10^{11}$) in diesen ersten drei Minuten nach dem Urknall alles passiert ist. Der Anfangszustand ist sehr unwahrscheinlich, und jede Änderung, die sich hinfort ereignet, ist ein Übergang zu einem wahrscheinlicheren Zustand in Richtung auf ein Gleichgewicht. Das ist *der Entropiesatz, der zweite Hauptsatz der Wärmelehre, der für alles Geschehen gilt*. Der erste Hauptsatz ist der Satz von der Erhaltung der Energie. Auch heute ist die Welt vom Gleichgewicht noch weit entfernt, und das bedeutet, daß alle Stoffe die Tendenz zur Veränderung in sich tragen und sich auch mit verschiedenen Geschwindigkeiten verändern. Leibniz, der der Substanz Aktivität zurechnete, hat hier gegen Descartes recht behalten (Sachsse, Kausalität – Gesetzlichkeit – Wahrscheinlichkeit, S. 40). Aber wir sind heute in der Lage, diese Vorstellung physikalisch zu begründen und quantitativ zu kontrollieren.[2]

Welche Ursachen haben nun diese Veränderungen und welche Wege nehmen sie? Die Ursache sind *die Anfangsbedingungen des Urknalls*, die hohe Temperatur und Dichte, die nach Ausgleich streben, und der Weg ist der der Abkühlung und Expansion, wobei die ebenfalls von den Anfangsbedingungen herrührenden Kraftfelder zwischen den Elementarteilchen zu

---

[2] Neben dieser Theorie vom einmaligen Anfangs- und Endzustand des Universums, die sich, wie Weinberg sagt, zum Standardmodell durchgesetzt hat (Weinberg, Die ersten drei Minuten, S. 12), gibt es noch eine weitere Theorie von einem unendlichen Pendelprozeß, bei dem auf die Expansionsphase nach dem Urknall, wenn ein Maximum der Expansion erreicht ist, eine Kontraktion mit umgekehrter Zeit- und Entropierichtung erfolgt, die wieder zu den Bedingungen des Anfangszustandes führt, dem dann wieder eine weitere Expansionsphase folgen würde. Dabei erstrecken sich die einzelnen Phasen über die langen Zeiten von vielen Milliarden Jahren (Weinberg, a. a. O., S. 208 ff.). Es gibt zur Zeit keine exakte Widerlegung dieser Theorie, aber von der Mehrzahl der Physiker wird sie nicht vertreten. Sollte sie zutreffen, so beziehen sich unsere Überlegungen auf unseren Abschnitt im Leben des Universums vom Urknall bis zu dem erwarteten Maximum der Entropie.

mancherlei Aggregationen führen. Auf die weitere Frage nach der Ursache des Anfangszustandes gibt die Naturwissenschaft keine Antwort mehr, da hierzu keine Beobachtungen möglich sind. Die Erfahrungen, die wir vom Gang von Ereignissen machen, sagen grundsätzlich nichts über deren Zustandekommen aus. Hingegen können wir aufgrund der uns bekannten Naturgesetze schon recht gut rückschließen, wie der Anfangszustand beschaffen war, das Buch von Weinberg zeigt uns das.

Nun waren sich lange Zeit Physik und Biologie nicht einig über den Weg der Entwicklung. Der *wahrscheinlichere Zustand ist immer der weniger geordnete,* der Entropiesatz der Physiker verlangt den Ausgleich aller Differenzen, den Weg zum Endzustand der molekularen Unordnung. Demgegenüber beschreiben die Biologen den Aufstieg der Formen, die Anagenese von der anorganischen Materie über Pflanze und Tier bis zum Menschen. Wie verträgt sich das? Man hat geglaubt, eine eigene, der Entropie entgegengesetzte Kraft für den Aufbau der lebendigen Formen verantwortlich machen zu müssen. Aber das ist nicht nötig. *Physiker und Biologen haben dasselbe Phänomen nur von verschiedenen Seiten betrachtet.*

Zunächst ist festzustellen, daß es den Aufbau der Formen allein nicht gibt, er ist immer *von einem Abbau getragen.* Der Stoffwechsel ist ein Wesensmerkmal des Lebendigen, er schafft nicht nur Ordnung, sondern auch Unordnung. Die Abfälle, die ein Mensch im Laufe eines Jahres ausscheidet, betragen ein Mehrfaches seines eigenen Gewichtes. Und bei jedem einzelnen chemischen Prozeß ist die Entropievermehrung größer als die Verminderung, es würde ihm sonst die Triebkraft fehlen. Der Saldo von Aufbau und Abbau liegt immer auf seiten des Abbaus. Daher ist trotz des Aufbaus der Formen das Entropiegesetz immer gewahrt. Die geordneten Zustände sind Inseln innerhalb der Unordnung, die nur im Stoffwechsel gegen die Unordnung aufrechterhalten werden. Um existieren zu können, benötigen sie den Erhaltungsaufwand, der eben im Stoffwechsel besteht. Und sie haben auch nur eine begrenzte Lebenszeit, sie sind nur Zwischenstufen auf dem Wege zur Unordnung, metastabile Zustände, die eine verschieden lange Lebenszeit haben.

Aber warum kommt es nun überhaupt zu diesem eigentümlichen Umweg über die hochorganisierten Formen, wenn das Ende dieser Welt die molekulare Unordnung ist? Die Antwort lautet, *weil dieser Umweg schneller ist.* Das ist wie folgt zu verstehen. Das Entropiegesetz bestimmt nicht die Reaktionswege im einzelnen, sondern interessiert sich nur für den Endzustand, es ist nur die treibende Kraft. Es ist indifferent gegenüber dem Weg, auf dem der Endzustand erreicht wird. Welchen Weg die Prozesse einschlagen, hängt von den Widerständen ab, auf die sie treffen. Mit der Abkühlung ergeben sich Kondensationen und Aggregationen von Atomen und Molekülen, und welche Widerstände hier zu überwinden sind, hängt von den Anziehungs- und Abstoßungskräften der Teilchen untereinander ab. Diese Kraftfelder weisen aber eine Besonderheit auf, die uns aus der makroskopischen Welt wenig bekannt ist und die wir auch erst aufgrund der Quantenmechanik theoretisch verstehen können. Einmal hängen die Kräfte grundlegend von der chemischen Natur der Atome ab und weisen schon daher eine große Vielfalt auf. Und zweitens überlagern sie sich nicht additiv, sondern beeinflussen sich gegenseitig, verstärken oder schwächen sich ab, je welche Partner hinzutreten. Goethe hat in seinem Roman ›Die Wahlverwandtschaften‹ das Gefüge zwischenmenschlicher Beziehungen mit dem dieser chemischen Prozesse verglichen, wohl weil er die Notwendigkeit der Ereignisse unterstreichen wollte. Die Eigenart der chemischen Kraftverhältnisse hat nun zur Folge, daß eine Umsetzung durch das Hinzutreten weiterer Partner begünstigt werden kann, so daß der *Reaktionsweg über Zwischenverbindungen der leichtere, schnellere wird.* Der Chemiker macht hiervon durch die Verwendung von Katalysatoren, von Reaktionsbeschleunigern Gebrauch, und es zeigt sich, daß der Effekt der Katalyse in der Regel um so größer ist, je komplizierter die Katalysatoren sind, das heißt, je weiter der Umweg ist. Die Biokatalysatoren, die Enzyme und Fermente, die das Wachstum und das Verhalten von Organismen steuern, übertreffen an Leistungsfähigkeit und Kompliziertheit noch bei weitem das, was die Chemiker fertigbringen. Die Herabsetzung der Reaktionswiderstände, die Erleichterung der Umsätze führt dazu, daß die komplizierten Systeme im Wettbewerb der Reaktionsgeschwindigkeiten den Umsatz an sich ziehen. *Die Kraftbeziehungen zwischen den Atomen sind das evolutionäre Prä für die Herausbildung des Komplizierten.*

Warum hat man diese Erklärung, die doch naheliegend ist, nicht früher gefunden? Man hat den Einfluß der Anfangsbedingungen unterschätzt, man hat sich den Anfangszustand zu einfach vorgestellt. Driesch hat gesagt: „Die Form eines Atoms oder Moleküls kann nie die Form eines Affen oder Löwen sein" (Driesch, Philosophie des Organischen, Bd. 1, S. 139). Er konnte nicht wissen, daß Moleküle genauso differenziert sein können wie fertige Individuen. Die Form der fadenförmigen DNS-Moleküle der Keimzelle, die Wachstum und Vererbung regeln, wird durch eine Folge von Basentripletts bestimmt, und ein Molekül besitzt eine Milliarde solcher Triplets. *Diese Triplettserien können gleich Buchstabenserien eine Mannigfaltigkeit darstellen, die die Unterschiede zwischen Affen und Löwen einschließlich der individuellen Eigenschaften weit übertrifft* (Sachsse, Einführung in die Naturphilosophie II, S. 164). Man hat diese Vielfalt nicht geahnt, weil sie auf so kleinem Raum untergebracht ist. Würde man die

Erbsubstanz aller Menschen zusammenfassen, so wäre diese Masse kleiner als ein Stecknadelkopf.

Über die Anfangsbedingungen des Universums wissen wir nicht so genau Bescheid wie über die Anfangsbedingungen der Individuen. Aber die Schilderung von Weinberg (S. 6) zeigt, daß auch hier die Dichte und der Formenreichtum unser Vorstellungsvermögen übertrifft. Die Technik unserer Forschung heute ermöglicht uns, Dimensionen noch zu erkennen, die weit jenseits unserer gewohnten Wahrnehmung liegen. Diese Beobachtungen lehren uns, daß die Evolution ein Prozeß ist, bei dem die unseren Augen verborgenen Formen der Anfangsbedingungen sich, gekoppelt mit dem Vorgang der Abkühlung und Entropievermehrung, *in den Bereich der für uns sichtbaren Gestalten transformieren.* Es handelt sich dabei nicht um Neuschöpfung von Formen, sondern um ihr Auftauchen im Bereich der Sichtbarkeit, um ihre Emergenz. Bis zu welchem Ausmaß noch zufällige Prozesse bei dieser Emergenz eine Rolle spielen, entzieht sich unserer exakten Forschung. Aber die allgemeine Richtung der Evolution zur Bildung der höher organisierten Zwischenstufen auf dem Wege der Entropievermehrung können die Zufälle nicht beeinflussen. Monod war im Irrtum, als er sagte, in der Evolution trete „uneingeschränkt Neues" zutage, das nicht im „Grundmuster der Welt" vorgezeichnet sei (Jacques Monod, Zufall und Notwendigkeit, S. 171). Die Richtung der Evolution ist festgelegt durch die Struktur der Materie, wie sie im Anfangszustand des Urknalls gegeben ist.

Die Natur ist seit dem Anfang einen sehr weiten Weg gegangen, und der optimale Weg über diejenigen Zwischenstufen, die im Wettbewerb der Reaktionsgeschwindigkeiten am schnellsten vorwärts führen, mußte gesucht werden, über Versuch und Irrtum. Wir unterscheiden drei Stufen der Evolution, die kosmologische Evolution, bei der aus der Urmaterie die Sterne entstehen und im Inneren der Sterne aus den Elementarteilchen die Atome unserer chemischen Elemente, dann, als zweite Stufe, die biologische Evolution, bei der sich aus der anorganischen Natur das Leben, die Biosphäre mit dem Menschen herausbildet, und drittens die technische Evolution, bei der der Mensch das Bedingungsgefüge der Natur verwendet, um aus ihm neue Einheiten aufzubauen. Die biologische und die technische Evolution bilden dabei die besonderen Gegenstände dieses Buches.

Der Drang bei diesem Entwicklungsprozeß ist die unregelmäßige Wärmebewegung, die vom Anfangszustand des Universums der Materie eigen ist und alle Möglichkeiten abtastet und abklopft, und sie ermittelt die Wege in dem Gerüst von Sperren von chemischer Anziehung und Abstoßung, wobei dieses System von Möglichkeiten und Hindernissen im Verlauf der Abkühlung immer profilierter in Erscheinung tritt. Über Mutation und Selektion, wie man diesen Prozeß von *trial and error* bezeichnet, geht das

Aufsuchen, die Ermittlung des optimalen Weges vonstatten. Schon bei den einfachen chemischen Reaktionen führen erst bestimmte Stoßausbeuten zum Umsatz, es gibt sterische und energetische Hindernisse, die mit Hilfe von Katalysatoren umgehbar sind. Viel größere Umwege verlangen die komplizierten biologischen Strukturen für ihr Wachstum und ihre Vermehrung. *Der Umweg bedeutet die Trennung und Spezialisierung der Funktionen.* Es ist einfacher, Hindernisse in einzelnen Stufen mit je angepaßten Hilfsmitteln nacheinander zu bewältigen. Ein früher Schritt in dieser Richtung ist bei den Organismen der Übergang von der zentralen zur bilateralen Symmetrie, der die Nahrungsöffnung von den Ausscheidungen trennt und damit für die lebendige Natur das vordere und hintere Relationsfeld konstituiert. Ein sehr bedeutender Umweg auf dem Wege zum Ziel ist die geschlechtliche Fortpflanzung. Sie bedurfte neuer Organe und aufeinander abgestimmter Verhaltensweisen, eines differenzierten Signalsystems, mit dessen Hilfe die Partner sich finden und ihre Fortpflanzungsbereitschaft zu erkennen geben, ein ungeheurer Aufwand von Struktur und Methode. Warum, fragt man? Weil die geschlechtliche Fortpflanzung der sehr viel einfacheren ungeschlechtlichen überlegen ist, da sie *ein Durchmischen der Anlagekomponenten, der Gene bewirkt, so daß jeweils auch die besten Genkombinationen bei diesem Verfahren von Entwurf und Prüfung mit auf die Probe gestellt werden.* Der Wettbewerb der Reaktionsgeschwindigkeiten ist maßgebend, und es siegt das System, das sich am schnellsten vermehrt. Worauf kommt es an bei diesem Wettlauf der Reaktionsgeschwindigkeiten? Man sagt, die Erhaltung der Art sei das Ziel der Evolution. Aber die Natur geht nicht nur verschwenderisch mit den Individuen um, sondern auch mit den Arten, es sind sehr viel mehr Arten untergegangen als heute existieren. Das Schnellste setzt sich durch, das ist die nüchterne Wahrheit. Man könnte sagen: *der Natur liegt es an der Lebendigkeit.*

Diese Natur, die mit ihrem scheinbar konstanten Erscheinungsbild so unverrückbar vor unseren Augen steht, hat eine gewaltige Geschichte hinter sich, und man kann nicht behaupten, daß diese Geschichte zu Ende wäre. Der Weg vom Stein zur Amöbe und von der Amöbe zum Primaten ist länger und schwieriger als vom Faustkeil zum Computer, als alles, was mit Hilfe der Technik gelungen ist. Es gibt Entwicklungsschritte beim Naturgeschehen, die wir nur halb verstehen und die wir, jedenfalls jetzt, nicht nachvollziehen können. Unerreichbar ist uns das System der *Miniaturisierung.* Zwar haben wir mit den Mikroprozessoren gewaltige Fortschritte gemacht, aber wir sind doch noch viele Zehnerpotenzen von den molekularen Zellstrukturen der DNS-Moleküle der Keimzellen, die die Vererbung regeln, entfernt und werden dieselben voraussichtlich niemals einholen können. Ferner, das kybernetische Gefüge des Organismus verfügt über Komplexionsgrade in der Hierarchie von Regelsystemen, die wir nur erahnen können. Es zeichnet sich vor allem durch eine starke Sicherung gegen Störungen und Verletzungen aus und verfügt über Ausheilmechanismen. Ferner, die Natur hat eine Mehrfachfunktionalität und eine Überformung von Organsystemen herausgebildet, der gleiche Mund dient zum Kauen und zum Sprechen, das gleiche Glied zum Wasserlassen und zum Zeugen. Schließlich, es hat sich gezeigt, daß die Wahrnehmung, die Rezeptivität wechselnden Bedürfnissen folgend zentral gesteuert werden kann. Die Beispiele lassen sich vermehren. Die Ingenieure studieren diese Strukturen sorgfältig und gewinnen von ihnen Anregungen für die technische Konstruktion (Ingo Rechenberg, Evolutionsstrategie, Optimierung technischer Systeme nach den Prinzipien der biologischen Evolution). Praktische Bedeutung gewinnt neuerdings in zunehmendem Maße die sogenannte Biotechnik. Das sind Verfahren, die biologische Prozesse mit aus der organismischen Welt separierten Elementen zur Synthese komplizierter Verbindungen durchführen. Diese Methoden machen Synthesen zugänglich, die anders gar nicht möglich wären, und sie haben den Vorteil, daß sie sehr exakt ohne die Bildung lästiger Nebenprodukte verlaufen. Hier haben wir den Fall der Zusammenarbeit mit der Natur, wie sie der Landmann betreibt, nur auf einer höheren Ebene.

Der Evolutionsprozeß hat seine Zeit gefordert. Nichts ist von selbst gegangen, sondern erst nach unzähligen Versuchen, nach Erprobung alles jeweils Möglichen. Hunderte von Millionen Jahren hat es gedauert, bis Fische, Reptilien, Vögel und Säugetiere das Licht der Welt erblickt haben. Die Natur hat diesen Weg mit großer Härte zurückgelegt, bei ihrem Verfahren von Versuch und Irrtum *experimentiert sie mit den Individuen.* Unzählige Milliarden von ihnen sind als Fehlmutationen zugrunde gegangen. Die Natur als besonders friedlich zu bezeichnen, ist ein frommer Selbstbetrug. Fressen und Gefressenwerden bestimmt weitgehend den Zusammenhang dieses großen Systems. Die Arten stehen in Feindschaft zueinander und dienen sich als Jagdbeute und Nahrung. Bei der Verzahnung der Lebensgemeinschaften gibt es gegenseitige Ausnutzungsverhältnisse in der Form des Parasitismus, die einer höllischen Phantasie entsprungen zu sein scheinen. Der katholische Schriftsteller Reinhold Schneider, ein frommer und sensibler Mann, hat bei der Betrachtung der Grausamkeit der Evolution kaum seinen Glauben an Gott bewahren können (Reinhold Schneider, Winter in Wien). Bei dem Testverfahren von Mutation und Selektion wird auch bei den höheren Tieren noch mehr als das Zehnfache dessen geboren, was zur Fortpflanzung notwendig ist, und im allgemeinen ist der Spielraum für den irrigen Ansatz um viele Zehnerpotenzen größer als für den erfolgreichen. Dieses Verfahren als die Verschwendung der Natur zu bezeichnen, ist eine sehr wohlwollende Charakterisierung.

Natur ist nicht mehr das Vorbild, wie ist es zu einer so veränderten Naturauffassung gekommen? *Wir haben die Natur genauer kennengelernt.* Die Interaktion von Mensch und Natur, begonnen mit dem Zusammenwirken von Auge und Hand, hat zur großangelegten naturwissenschaftlichen Forschung geführt und hat unser Wissen von der Natur seit dem Mittelalter ungeheuer vermehrt. Aber das Entscheidende dieses neuen Durchbruchs besteht darin, daß wir heute die Natur nicht mehr als einen konstanten Zustand vor Augen haben, sondern daß wir sie *als Prozeß verstehen,* daß wir uns eine Entwicklungsgeschichte der Natur vorstellen, deren Zeitmaße wir ziemlich exakt mit Hilfe der Kernspaltungsprozesse bestimmen können. Dieser Prozeß hat seine Gesetze, die Rahmenbedingungen, innerhalb derer er sich ereignet, und er ist offen, die konkreten Wendungen sind uns verborgen. Von einem Prozeß kann man viel lernen, aber Schutz und Geborgenheit gewährt er nicht mehr. Indem wir die Natur immer besser kennenlernen, erfahren wir auch immer deutlicher, daß wir sie nie ganz kennenlernen werden. Sie bleibt das große, rätselvolle Gegenüber, und wir wissen nicht, was sie für uns noch bereithält.

Das Studium des Evolutionsprozesses hat darüber hinaus eine allgemeine erkenntnistheoretische Bedeutung gewonnen, da es ein *Paradebeispiel für Veränderungen überhaupt ist.* Veränderungen sind schwer zu verstehen. Parmenides hat sie überhaupt geleugnet. Man muß sich in der Regel mit Beschreibungen begnügen und kann das, was man beschreibt, mit anderen Beschreibungen vergleichen, wobei man zumeist wieder auf Naturprozesse, auf das Wachsen, Reifen und Welken von Pflanzen zurückgreift. Die Frage, warum sich gerade etwas *so* verändert, bleibt auch in Einzelfällen meistens unbeantwortet. Es ist schwer, für Veränderungen im einzelnen Notwendigkeit nachzuweisen. Demgegenüber bietet die Evolution Beispiele, bei denen man Veränderungen auf der Basis einfacher allgemeiner Voraussetzungen berechnen kann. Voraussetzung ist nur die Wärmebewegung mit dem Entropiesatz und die chemischen Affinitäten, die die Kraftfelder bestimmen. Damit ist Antrieb und Widerstand gegeben. In einfachen Fällen stößt die Reaktionskinetik bis zur quantitativen Erfassung der Geschwindigkeitswerte der Prozesse vor. So lassen sich qualitative Vorstellungen von Prozessen auch quantitativ untermauern. Angesichts des modernen Zeitgefühls, das anders als im Mittelalter dem Werden und der Zukunft höhere Bedeutung zuspricht als dem Sein, ist *die Vergegenständlichung des Werdens im Evolutionsprozeß von besonderer Bedeutung.* – Wir wollen im folgenden noch auf ein wichtiges Unterkapitel der Evolution eingehen, weil es zur Entstehung des Menschen geführt hat.

## 1.3 Das Zentralnervensystem

Alle Organismen unterliegen bei der Evolution dem Gesetz der Anpassung. Was nicht angepaßt ist – und der überwiegende Teil der Mutationen ist offenbar nicht angepaßt –, wird von der Selektion ausgeschieden. Wie ist aber Entwicklung zu höheren Formen möglich, wenn das Neue sich dem schon Vorhandenen anpassen muß? Das gelingt auf dem Wege der sogenannten aktiven Anpassung: *Die Organismen übernehmen nicht passiv die Form, so wie das Wachs die Form des Prägestocks übernimmt, sondern stellen sich nur an der Grenzfläche Individuum–Umwelt auf die Umweltbedingungen ein.* Ein gutes Beispiel ist die Körpereigentemperatur der Warmblüter. Die Peripherie des Körpers ist dem Umweltklima angepaßt, und ein kompliziertes, von Erhaltungsaufwand (S. 7) getragenes Regelsystem, kombiniert mit der Wärmeerzeugung durch die Verbrennung der Lebensmittel, sorgt gleichzeitig für eine Temperatur im Körperkern, die optimal für die Physiologie der Eiweißprozesse ist. Und optimal bedeutet hier wieder, daß sie bei *der Temperatur von 37° bis 40° am schnellsten ablaufen*, bei noch höherer Temperatur koagulieren die Eiweißkörper. Die aktive Anpassung befreit den Körperkern von den Umweltbedingungen. Und das liegt wieder ganz auf der Linie der Evolution: *Das Neue muß an das Vorhandene zwar angepaßt sein, aber es muß ihm auch bezüglich der Geschwindigkeit überlegen sein, weil es sich sonst im Wettbewerb der Reaktionsgeschwindigkeiten nicht durchsetzen würde.*

Die Verfahren von Mutation und Selektion regelt die aktive Anpassung und züchtet die brauchbarsten Organe heraus. In einem Lernprozeß, der sich über die Generationen erstreckt, wird, was auf die Natur paßt, ermittelt und in den Anlagen der Nachkommen fixiert. Aber dieses Lernen einer Gattung braucht seine Zeit und kostet viele Individuen das Leben. Es war daher ein wichtiger evolutiver Fortschritt, daß die Tiere auch individuell lernen und das Gelernte für die Anpassung verwenden können. Das auf diesem Wege Gelernte wird nicht in der Veranlagung gespeichert, und es wird auch nicht vererbt, sondern es wird im Nervensystem deponiert. Für den weiteren Weg der Evolution ist daher die *Herausbildung des Zentralnervensystems der entscheidende Schritt.*

Über das Lernen der Tiere gibt es eine umfangreiche Literatur. Man kann Regenwürmern beibringen, einen bestimmten Weg zum Futter einzuschlagen, indem man bei einer Verzweigung den falschen Weg mit einem elektrischen Schlag bestraft. Das bedeutet, daß der Schlag eine Veränderung in der Reizleitung des Regenwurms zurückläßt, die zur Folge hat, daß dieser Weg das nächste Mal nicht eingeschlagen wird. Pawlow hat diesen Sachverhalt bei Hunden systematisch untersucht. Wenn der Hund Fleisch sieht, sezernieren seine Verdauungsdrüsen. Nun hat Pawlow jedesmal, wenn er Fleisch gezeigt hat, geläutet. Das hatte nach einiger Übung zur Folge, daß der Hund auch sezernierte, wenn Pawlow nur läutete. Der Hund hatte gelernt, daß Läuten Futterkriegen bedeutet. Durch das Läuten wird im Gehirn eine Verbindung hergestellt, die die Abscheidung von Verdauungsenzymen auslöst. Das individuelle Lernen, dieser Prozeß der aktiven Anpassung, ist das *Einspeichern und Ausnutzen von Umweltstrukturen im Zentralnervensystem*. Das hat gleichzeitig zur Folge, daß dieses System mit seiner Spitze im Gehirn die Steuerung des Organismus übernimmt.

Das individuelle Lernen hat gegenüber der Entwicklung der Arten über Mutation und Selektion den Vorteil, daß es sehr viel schneller geht und daß daher auch Sachverhalte gelernt werden können, die nicht über Generationen konstant und für alle Individuen der Art die gleichen sind, die aber für die Lebensbewältigung der einzelnen Individuen entscheidend sein können. Während das Verhalten zur Art, wie es sich in Revier- und Rivalenkämpfen, im Fortpflanzungsverhalten und bei der Gruppenbildung zeigt, weitgehend durch Veranlagung und Instinkte geregelt ist, spielt das *individuell Erlernte dort, wo individuelle Entscheidungen unvermeidbar sind, die ausschlaggebende Rolle.* Das ist vor allem bei der räumlichen Orientierung der Fall, bei der Suche nach Nahrung und nach der Sicherheit des Nestes, ferner bei familiären Beziehungen, beim individuellen Sichkennenlernen. Das stammesgeschichtlich nur unvollkommen angepaßte Individuum kann seine Lebenschancen verbessern, indem es dazulernt, und es kann im Gegensatz zu den fixierten Anlagen bei Änderung der Verhältnisse auch umlernen, ein Vermögen, das für die Erhaltung der Existenz von ausschlaggebender Bedeutung sein kann.

Trotz der großen Vorteile, die das Zentralnervensystem mit der Anlage zur individuellen Speicherung und Ausnutzung der Erfahrung gewährt, ist der Einfluß des individuellen Lernens in der subhumanen Natur doch relativ gering. Die komplizierten Dressurerfolge erwecken den Eindruck, daß die Tiere ihr Lernvermögen von sich aus nicht sehr nachhaltig ausnutzen. Der Grund ist wohl, daß es sich im Gegensatz zu den stammesgeschichtlich erworbenen Fähigkeiten nicht vererbt, das Tier nimmt das individuell Gelernte zum überwiegenden Teil mit ins Grab, da die Fähigkeit zur Mitteilung des Gelernten nur schwach vorhanden ist.

Durch die Freisetzung der Vorderextremitäten von der Fortbewegung, durch den Abstieg eines Primatenstammes vom Wald in die offene Savanne ist dem individuellen Lernvermögen eine neue Chance eröffnet worden: Der aufrechte Gang und der freie Blick *vergrößern den Erfahrungshorizont, und durch das Zusammenspiel von Auge und Hand können Erlebnisse des Sehens und Tastens systematisch aufeinander bezogen werden, es ent-*

*steht die Gegenstandswelt.* Und die biologische und die technische Entwicklung greifen jetzt ineinander. Indem die Hände den Faustkeil zum Erlegen und Verteilen der Beute benutzen, entlasten sie das Gebiß vom Reißen und Mahlen, der Kiefer tritt zurück, das Gesicht verkürzt sich und wandelt sich vom tierischen zum menschenähnlichen Aussehen. Der Knochenbau paßt sich dem aufrechten Gang an. In bezug auf diese und zahlreiche ähnliche Beispiele spricht der Paläontologe Leroi Gourhan von einer „synchronen Evolution der Werkzeuge und Skelette". „Die Technizität des Menschen wäre demnach eher eine Sache der Zoologie als irgendeiner anderen Wissenschaft" (Leroi-Gourhan, Hand und Wort, S. 129).

Popper hat darauf aufmerksam gemacht, daß gewisse Mutationen die Zielrichtung der nachfolgenden Entwicklung beeinflussen können, wenn sie eine neue Chance eröffnen und eine Zielstruktur, wie er schreibt, betreffen. Die Mutationen, die dieser Chance dienen, bekommen dann eine höhere Prämie, die Zielstruktur zieht eine Fähigkeitsstruktur hinter sich her (Karl Popper, Objektive Erkenntnis, S. 302 ff.). Das individuelle Lernen ist eine derartige Zielstruktur im Sinne Poppers, und alle Mutationen, die hierzu beitragen, sind nun begünstigt. Der hervorragendste Schritt in dieser Richtung ist *die Vervollkommnung des Zentralnervensystems durch die Entwicklung des Gehirns.* Das Gehirn ist ein hervorragendes Lern- und Anpassungsorgan, es schaltet schnell und flexibel, es hat eine große Speicherkapazität, *und es kann umlernen.* Daher ist es kein Wunder, daß die Evolution immer mehr zur Ausbildung des Gehirns geführt hat, das heutige Gehirnvolumen beträgt etwa das Dreifache des Gehirns der ersten Werkzeugmacher vor zwei bis vier Millionen Jahren (Sachsse, Anthropologie der Technik, S. 38).

Ein weiterer Schritt zur Ausnutzung des individuellen Lernens ist die Entwicklung der Sprache. Auch die Tiere haben umfangreiche Verständigungssysteme, aber das ist stammesgeschichtliche Erbschaft, es gibt wenig Verständigung über individuelle Erfahrungen. Demgegenüber dient die menschliche Sprache vornehmlich dem individuellen Austausch. *Sie ist das Instrument, um Handlungen in wechselnden Situationen zu koordinieren.* Die primäre Funktion der Sprache ist der Befehlssatz mit Äußerungen wie Anordnung, Hinweis, Warnung, Frage. Der zweite Schritt erst ist der Berichtssatz. Er wird in der abstrakteren Situation benötigt, wenn das Handlungsobjekt nicht mehr vor Augen ist, um den Gesprächspartner ins Bild zu setzen (Gerhard Höpp, Evolution der Sprache und Vernunft, S. 164, 7 ff.; Sachsse, Anthropologie, S. 39 f.).

Die Sprache ermöglicht die Funktionsunterteilung auf der Basis des individuell Gelernten. Funktionsunterteilung auf der Grundlage der Ergänzung ist evolutiv von großem Vorteil. Als Entwicklungselement sind wir ihr schon bei der Katalyse begegnet (S. 8). Eine Gemeinschaft, bei der der eine etwas kann, was der andere gerade nicht kann, besitzt einen übersummativen Effekt. Derartige Gemeinschaften spielen schon in der subhumanen Sphäre bei Biozönosen und Biotopen eine große Rolle. Bei Darwin lesen wir: „Der Vorteil der Mannigfaltigkeit der Struktur ist für die Bewohner des gleichen Gebietes in der Tat derselbe wie der, den die physikalische Arbeitsteilung unter den Organen ein und desselben Individuums bietet." Und ferner: „Die Richtigkeit des Prinzips, daß die größte Summe von Leben durch die größte Unterschiedlichkeit der Körperbeschaffenheit erreicht wird, läßt sich an vielen natürlichen Verhältnissen erkennen" (Darwin, Die Entstehung der Arten, S. 161, 163).

Bringt schon die stammesgeschichtlich erworbene Funktionsunterteilung große Vorteile, so ist sie *auf der Basis des individuell Gelernten der Entwicklungsschritt, der zum Menschen führt.* Mit ihr kommt es zu einer ungeheuren Entfaltung und Intensivierung der Ergänzungsgemeinschaft: Der Austausch nimmt größenordnungsmäßig zu, er führt zu überindividuellen Systemen, die nicht mehr genetisch fixiert sind und sich daher auch jeweiligen und wechselnden Verhältnissen anpassen können, und schließlich führt er die individuellen Erfahrungen aus der Vereinzelung und sichert ihnen Bestand über das Leben derer, die sie gesammelt haben, hinaus. Das ist der Schritt zur außergenetischen Informationsübertragung.

Der Austausch und die gemeinsame Verarbeitung des individuell Gelernten fördert wiederum die Individualisierung. Individuum und Gesellschaft bedingen sich ja gegenseitig. Die Gesellschaft ist um so reicher und wirkungsfähiger, je spezialisierter die Beiträge der Individuen sind, und die Individuen werden von der Gesellschaft erhalten und ernährt, damit sie sich ihren speziellen Aufgaben widmen können. *Die Sprache ermöglicht und bewirkt nun eine sehr viel weitgehendere Individualisierung als die genetisch fixierte Funktionsunterteilung.* Dabei ist die Arbeitsteilung das Band, das die Gesellschaft zusammenhält und den Menschen infolge der sprachlich organisierten Gesellschaft zum *animal sociale* macht. Die Technik der Schrift liefert einen weiteren wesentlichen Beitrag zur Erhaltung und Stabilisierung des individuell Gelernten, das im Zentralnervensystem, im Gehirn, zu einem Modell der Natur aufgebaut wird und nun in unseren Lehrbüchern seinen Niederschlag findet.

Es ist interessant, festzustellen, wie die Wege, die zur Entwicklung des Menschen geführt haben, *aus der Natur hervorgehen und doch in ihren quantitativen Ausmaßen zu umstürzend Neuem geführt haben.* Immer ist es das Verfahren von Versuch und Irrtum, und die Fähigkeit, zu lernen, finden wir schon auf primitiven Lebensstufen. Bei den höheren Tieren finden wir auch schon den Drang zur Mitteilung und in den Anfängen auch die Fähigkeit dazu. Und dieser Weg läßt sich über die menschliche Entwicklungsgeschichte fortsetzen. Maßgebend für die Evolution, diesen Prozeß der aktiven Anpassung, ist die Wechselwirkung von Individuum und Umwelt, und diese steigert sich und vertieft sich gewaltig, indem gelernt wird. Mit dem Gehirn hat die Natur ein speziell für das Lernen geeignetes Organ evolutioniert und damit die Evolution auf eine neue Stufe gehoben. Man hat den Menschen aufgrund seiner Besonderheit in der Natur als homo sapiens bezeichnet, aber das scheint etwas verfrüht zu sein, da wir die Weisheit zwar erstreben, aber noch nicht besitzen. Wir wollen ihn statt dessen *homo discens* nennen, denn gelernt hat er wirklich, und seinen bisherigen Weg hat er auch mit Hilfe des Lernens gemacht. – Bevor wir uns der Aktivität zuwenden, mit der der Mensch der Natur mit der Technik gegenübertritt, wollen wir uns noch vergegenwärtigen, was das Wissen von der Natur für uns existentiell bedeutet.

## 1.4 *Die existentielle Bedeutung des Wissens von der Natur*

Es wird häufig bestritten, daß die Naturwissenschaften Bildungswissen vermitteln. Max Scheler hat das Bildungswissen als ein Wissen definiert, das dem „Werden und der Entfaltung der Person" diene, und er hat im bewußten Gegensatz dazu für die positiven Wissenschaften den Begriff „Herrschafts- oder Leistungswissen" eingeführt. Er bezeichnet es als die Aufgabe dieses Wissens, die „praktische Beherrschung und Umbildung der Welt für unsere menschlichen Ziele und Zwecke" (M. Scheler, Werke, Bd. 8, S. 205). Auch Habermas versteht die Naturwissenschaften rein instrumentalistisch und schreibt: „Die strikt erfahrungswissenschaftlichen Informationen können in die soziale Lebenswelt nur auf dem Wege ihrer technischen Verwertung, als technologisches Wissen eingehen: hier dienen sie der Erweiterung unserer technischen Verfügungsgewalt" (Habermas, Technik und Wissenschaft als Ideologie, S. 106). Herbert Marcuse hat der Eindimensionalität (Marcuse, Der eindimensionale Mensch) ein ganzes Buch gewidmet. Aber nicht nur der Neomarxismus, sondern auch die breite Strömung der klassisch-humanistischen Tradition bezweifelt den Bildungswert der Naturwissenschaften und reserviert den Bildungsbegriff praktisch allein für geisteswissenschaftliche Einsichten.

Aber diese Einstellung zeigt nur, wie wenig bewußt oder wie sehr verdrängt uns unser Herkommen und unsere Abhängigkeit von der Natur sind. *Naturerkenntnis hat zu den maßgebenden Umbrüchen des Weltbildes geführt, und zwar auch unmittelbar, ohne die Vermittlung der technischen Anwendung.* Kopernikus hat die Erde, und damit auch den Menschen, aus

dem Mittelpunkt des Universums herausgeholt, Darwin hat ihm seine
Verwurzelung in der Natur gezeigt, die Physik des 20. Jahrhunderts hat
uns gelehrt, Begriffe wie Gleichzeitigkeit und Kausalität in veränderter
neuer Weise zu verstehen, und hinter dem Ökologieproblem heute steht
noch einmal ganz fundamental die Frage nach dem rechten Umgang mit der
Natur. Schließlich besteht der gesamte Evolutionsprozeß in der aktiven
Anpassung an die Naturgegebenheiten, und daher *ist unser Wissen und unser Begriff von der Natur für unser Verhalten entscheidend.*

Die Natur wirkt in zweierlei Weise auf den Menschen, *sie zeigt dem Be-
trachtenden ihr Bild und dem Handelnden den Spielraum seiner Möglichkeiten.* Beides ist nicht ohne Einfluß auf das Verhalten. Das Bild ist ein eindrucksvolles Panorama des Zusammenhanges und der Ordnung. Die Biologie ist in der Chemie, die Chemie in der Physik verwurzelt. Nirgends gibt
es beziehungslose Fakten, und der Bereich in bezug auf Umfang und Tiefe,
auf große und auf kleine Dimensionen ist ungewöhnlich. Hier finden wir
vor Augen, was Ordnung bedeutet: das Eine Ganze präsentiert sich als
höchstgetriebene Differenzierung, als anschauliche Synthese von Vielem in
Einem.

Dieses eindrucksvolle Bild der Natur ist ziemlich unbestrittener Besitz
der gesamten Menschheit, es ist in seinen Grundzügen weitgehend inter-
subjektiv. Die Naturerkenntnis handelt ja von anschaulichen Gegebenheiten und deren geistiger Verarbeitung, und es gehört zu ihren methodischen
Prinzipien, daß alle Aussagen durch Beobachtungen gestützt sind. Wenn
auch die Strukturen, aus denen unser Wissen von der Natur besteht, über
eine intensive Informationsverarbeitung und über komplizierte Abstraktionsprozesse gewonnen werden, bei denen immer noch ein gewisser Spielraum für verschiedene Interpretation offenbleibt, so befassen sie sich doch
letztlich mit der sinnlich anschaubaren Wirklichkeit. Die Naturwissenschaften haben daher ein relativ einfaches Erkenntnisobjekt, sie können –
mehr oder weniger – durch Vorzeigen in der Wirklichkeit ihre Aussagen
kontrollieren. Die Geisteswissenschaften tun sich schwerer, ihre Gegenstände sind komplizierter und räumen der Deutung einen sehr viel größeren
Ermessensspielraum ein. Ihre Begriffe, Vorstellungen und Theorien lassen
sich nicht auf ähnlich gemeinsamen Wegen aus der Erlebniswelt gewinnen,
so daß es oft zu hartem Meinungsstreit kommt, der in Wirklichkeit aber
nicht die Sachverhalte, sondern die Sicht betrifft. Das Dickicht der Meinungen – wie es Buddha genannt hat – ist schwer zu lichten. Der Vorteil der
Naturwissenschaften besteht darin, daß bei ihnen *die Fakten in ihrem
Verhältnis zu den Interpretationen ein größeres Gewicht haben als bei den
Geisteswissenschaften.*

Eindrucksvoll am Bild der Natur ist die Tatsache, daß es sich hier um

einen umfassenden und geistig anspruchsvollen Bereich handelt, der aber
doch wesentlich unabhängig von menschlichen Wünschen und Interessen
existiert, der wenig durch die Fraglichkeit zwischenmenschlicher Beziehungen belastet ist, weil es ein Bereich ist, *den wir nicht gemacht haben,
sondern den wir entdecken und vorfinden.* Und wir können naturwissenschaftliche Sachverhalte, anders als die hohe Komplexität alles Menschlichen, ziemlich eindeutig verstehen. Es fehlen der Zweifel und die Paradoxie
des Menschlichen. Angesichts differenzierter, aber doch feststehender Tat-
bestände gibt es *eine gesicherte Verstehensfreude, die Freude der Teilhabe
an einem großen geordneten Bereich.* Es ist wie ein Wunder, daß die Natur
verstehbar ist, verstehbar in diesem hohen Ausmaße. Es ist schade, daß
diese Verstehensfreude an der Natur heute nur einem kleinen Teil der Heranwachsenden, die zumeist schon von sich aus interessiert sind, vermittelt
wird, wo doch die Erforschung dieses Bildes der Natur mit den größten
Mitteln national und international betrieben wird.

In diesem Bilde der Natur sieht der Mensch auch sich selbst, als Glied, als
Teil des Ganzen. Als Spätkömmling trägt er die älteren Strukturen, aus
denen er hervorgegangen ist, noch in sich, und um existieren zu können,
muß er genau zu dem schon Vorhandenen passen. *Das betrifft nicht nur
seinen Körper, seine Organe, sondern auch seine Verhaltensweisen, seine
Triebe, seine Freuden und Schmerzen.* Dieses naturwissenschaftliche Bild
des Menschen erschöpft nicht sein Wesen, da bei seiner Entwicklung Neues
hinzugekommen ist, aber wir finden doch ein Gerüst natürlicher Verhal-
tensanlagen, das uns hilft, menschliches Verhalten besser zu verstehen. Die
Tierverhaltensforschung und die Kybernetik haben uns mit Grundzusam-
menhängen organischen Reagierens, die auch für den Menschen gelten,
sehr subtil bekannt gemacht. Diese naturwissenschaftliche Anthropologie
ist von existentieller Bedeutung, da der Mensch die biologischen Gesetze,
denen er unterworfen ist, kennen muß, wenn er sie richtig verwenden will.
Es ist die Landschaft, in der wir uns bewegen.

Und es ist nicht nur die Landschaft, sondern wir sind es selbst, da wir,
wenn wir über uns nachdenken, uns mit den Augen des Außenstehenden
betrachten und uns verstehen anhand der Bilder und Vorstellungen der äußeren Welt. Die Kinder sprechen von sich zunächst in der dritten Person,
und es gibt Sprachen wie die der Eskimos, die das Wort Ich nicht besitzen.
Wir sind auch nicht in der Lage, über unsere Stimmungen, über unser
Befinden zu berichten, ohne die Begriffe der Außenwelt zu verwenden.
Von den Schmerzen heißt es, daß sie drücken oder bohren, die Freude
erhebt uns, und die Sprachgewalt der Dichter besteht darin, daß sie äußere
Situationen finden, die uns innere Erfahrungen nacherleben lassen. Alle Mit-
teilung erfolgt durch Vergleich, durch Bezug auf äußere Wahrnehmung.

Unsere gesamte Begriffsbildung ist in Wechselwirkung mit dem Außen entstanden. Daß es das Allgemeine gibt und das Spezielle, daß die Definition das genus proximum und die differentia specifica, die übergeordnete Art und die spezielle Eigenheit angibt, stammt aus der Gliederung des Tierreiches. In der Sprache lesen wir den Einfluß der Natur auf unseren Entwicklungsprozeß.

Aber die Bedeutung der Naturerkenntnis für unsere Existenz greift noch tiefer: Das Wissen von der Natur informiert über den Spielraum der Möglichkeiten, es ist daher *die Grundlage für das Handeln, für die Umgestaltung der Wirklichkeit.* Unsere Naturerkenntnis hat zur Folge, daß wir für unsere gesamten Lebensbedingungen, für unsere Existenz verantwortlich geworden sind. Die Erfolge der Naturerkenntnis sind es, die uns heute diese große ethische Herausforderung, diese Verantwortung zum Bewußtsein bringen. Wir kommen darauf im Abschnitt über die Technik zurück.

So hat sich die existentielle Bedeutung des Naturbegriffs in der Geschichte gewandelt. Für den Wildbeuter war die Natur der Feind, es ging darum, sie zu besiegen. Das ist auch zum Teil gelungen, Hunger und Kälte wurden überwunden und der Lebensraum über die Kontinente erweitert. Aber Krankheit und Tod konnten nicht besiegt werden. Die Agrarkulturen haben das essentielle Leiden am Dasein akzeptiert und sich in ihren Erlösungsreligionen damit abgefunden. Aber sie haben sich mit der Natur weiterentwickelt, indem sie die Natur nachgeahmt haben, und die Natur ist ihnen dabei zum Vorbild geworden. Daher hat das Natürliche seinen ethischen Klang erhalten. Die Naturverehrung ist auch heute noch eng mit dem Naturbegriff verkettet. Für Goethe war sie praktisch eine Religion. Er schreibt: „Wer die Natur als göttliches Organ leugnen will, leugne nur gleich die ganze Offenbarung" (Bd. 17, S. 708). Nietzsche hat noch die Werte der Natur als die höchsten bezeichnet. Scheler sagt von ihm, er habe durch seine dichterische und sprachschöpferische Gewalt in das Wort „Leben" einen tiefen Goldklang gebracht (Scheler, Bd. 3, S. 314). Die Lebensphilosophie beruft sich auf Nietzsche, und das biologistische Weltverständnis ist die Grundlage von Spenglers Geschichtsinterpretation.

Aber der Naturbegriff hat sich weiter gewandelt. Mit Descartes ist die Natur zum Objekt, zum Stoff, zum Material geworden. Descartes hat den Weg zu den großen Erfolgen der mechanischen Naturforschung gebahnt. Aber das mechanische Modell, schon zu Anfang umstritten, hat sich angesichts der Physik des 20. Jahrhunderts als unzulänglich erwiesen, obwohl es auch heute noch von breiten Schichten des öffentlichen Bewußtseins als „ganz natürlich" angesehen wird. *Für denjenigen, der die Zusammenhänge ökologisch betrachtet, ist die Natur zum Partner geworden.* Aufgrund der Biologie und Tierverhaltenslehre kennen wir sie sehr viel genauer, als

Goethe und Nietzsche sie gekannt haben. Sie kann nicht mehr Vorbild sein, weil sie nicht spricht. Sie reagiert nur auf die Fragen des Forschers. Aber die Antworten sind ebenso durch die gestellte Frage wie durch die Beantwortung bestimmt. Daher ist der Mensch nicht unbeteiligt an der Antwort, die er erhält.

Wir sind von der Frage ausgegangen, was Natur bedeutet. Die Antwort lautet, daß sich die Bedeutungen gewandelt haben, vom Feind zum Vorbild und vom Vorbild zum Objekt und schließlich zum Partner. Dabei wird keine Bedeutung völlig verdrängt, sondern nur auf bestimmte Bereiche eingeschränkt. Auch heute gibt es Situationen, wo mit der Natur zu kämpfen ist oder wo wir von ihrem natürlichen Gang lernen oder wo wir ihre Vorräte berechnen. *Die frühen Bedeutungen sterben nicht aus, sondern werden – wie oft in der Evolution – überbaut.* Es wird oft behauptet, ein künstlerisches Verständnis der Natur werde von dem technischen Umgang mit ihr zerstört. Aber das ist ein Irrtum. Einseitigkeit gibt es gewiß überall, aber die Begabung der Mathematiker für Musik ist bekannt, und gerade die Naturwissenschaftler haben viel Freude an der Erscheinungswelt der Natur. Daß der *wissenschaftliche Umgang die Empfindungsfähigkeit zerstöre, wird vielfach von denen gesagt, die darüber reflektieren.* Doch die Wirklichkeit ist anders.

Allerdings werden von der umfassenderen Kategorie Urteile eingeschränkt. So sind aus der Naturwissenschaft *keine ethischen Prinzipien ableitbar, weil die Natur uns nur zeigt, was ist und nicht, was sein soll.* Daher ist sie kein Vorbild mehr, sondern nur ein Gesprächspartner. Aus ihr letzte Urteile abzuleiten, ist überholte Romantik. Auch der ethische Klang, der dem Wort natürlich anhaftet, läßt sich nur noch metaphorisch verstehen. Die Natur ist ein Prozeß, der sich mit grausamer Härte ereignet, der mit der berühmten Verschwendung die Individuen opfert, der schon zu Beginn mit der Assimilation des Chlorophylls die ganze Atmosphäre von der reduzierenden auf die oxydierende Seite umfunktioniert hat. Wir neigen dazu, als natürlich zu verstehen, was wir gewohnt sind. Wir finden die Landwirtschaft natürlicher als die Industrie. Aber auch die Bebauung des Landes war einmal neu, sie war eine einschneidende Revolution in der Geschichte der Menschheit, und auch heute ist es die Natur, die uns das Neue bietet. Sie hat viele Seiten und viele Namen, und sie wird immer das große, im tiefsten Grund unbekannte Gegenüber bleiben, von dem wir abhängen und mit dem wir uns arrangieren müssen. Damit kommen wir zum Thema des Umgangs mit der Natur, wie er sich in der Technik darstellt.

## 2.   WELCHE FUNKTION HAT DIE TECHNIK?

### 2.1   *Die Technik als Weg zur Natur*

#### 2.1.1   Die technische Naturforschung

Was ist Technik? [1] Wir können sie verstehen als eine Weiterentwicklung und *Vervollkommnung unserer natürlichen Organe, um die Bereiche der Wahrnehmung und des Handelns zu erweitern und zu vergrößern.* Durch den Prozeß der Wahrnehmung und Handlung sind Natur und Technik miteinander verkoppelt. Die Beschreibung der Natur war ohne Bezug auf die Technik nicht möglich. Im folgenden geht es darum, diese Verhältnisse unter dem Gesichtspunkt des technischen Zugangs zur Natur zu betrachten. Die technischen Verbesserungen der Organe führen dabei zu einer Entlastung und gegebenenfalls zu einer Freisetzung der natürlichen Organe. Der Paläontologe Leroi Gourhan spricht von einer Hinausverlagerung, einer Exteriorisierung der Organfunktionen. Mit dem Faustkeil wird das Maul vom Greifen und Reißen entlastet, die Zubereitung am Feuer schließt die Nahrung auf und verlagert einen Teil der Verdauung nach außen, die Maschinen entlasten die Muskeln, und der Computer unterstützt und entlastet das Gehirn. Alle technischen Maßnahmen von den prähistorischen Anfängen bis zur modernen Großtechnik dienen dazu, Organfunktionen zu steigern, und die neuen technischen Organe *setzen sich durch, weil sie schneller arbeiten. Die Selektion, die das Schnellere bevorzugt, arbeitet hier nach dem gleichen Maßstab wie in der subhumanen Natur.*

Ebenso wie die natürlichen Organe ist die Technik hier und im folgenden als Instrument verstanden. Zwar gehen von jedem Instrument Rückwirkungen auf den Benutzer aus, es schafft neue Möglichkeiten und auch neue Versuchungen. Wir werden uns damit noch eingehend zu beschäftigen haben. Aber vielfach wird der Technik in diesem Sinne eine Eigendynamik zugesprochen, die Bildung externer Zwänge, die sich bis zum Bilde der Dämonie steigern können. Wir wollen demgegenüber festhalten, daß alles Technische vom Menschen hergestellt ist als sein Hilfsmittel und daß er für das von ihm Hergestellte und Angewendete auch die Verantwortung trägt (S. 31). Die Philosophie, daß der Technik *eine eigene, unabhängige und für*

---

[1] Zur Philosophie der Technik siehe auch das Literaturverzeichnis im Anhang.

*den Menschen oftmals schädliche Macht zukomme, verstehen wir als Projektion menschlicher Triebe auf eine Instanz außerhalb, als eine Flucht vor der Verantwortung.*
Die Technik erreicht ihr Ziel durch die Verwendung von Hilfsmitteln, von Werkzeug und Methoden. Sie geht das Ziel nicht auf direktem Wege an, sondern auf dem Umweg über die Vermittlung des Werkzeugs, und zwar weil ein solcher Umweg leichter und schneller zum Ziel führt als der direkte Weg. Es ist der gleiche Umweg, den die Evolution bei der Emergenz der Formen einschlägt und dessen Vorteil auf Funktionsunterteilung beruht (S. 10 ff.), nur daß bei dem Menschen durch das individuelle Lernen (S. 14) der Umweg den jeweiligen Bedingungen angepaßt werden kann und der Evolutionsprozeß sich dadurch ungeheuer beschleunigt.
*Mit dem technischen Fortschritt werden die Umwege immer größer und holen immer weiter aus.* Die Fruchtbarkeit der Produktionsumwege ist zu einem Schlüsselbegriff der Nationalökonomie geworden. Als Gradmesser für den Entwicklungsstand einer Wirtschaft nimmt man das Kapital, das ist das Inventar an Hilfsmitteln, an Werkzeug, Methoden, Apparaten, Fabriken, wissenschaftlichen Einsichten, flüssigen Mitteln. „Das Kapital aber" – schreibt Böhm-Bawerk – „ist nichts anderes als der Inbegriff der Zwischenprodukte, die auf den einzelnen Etappen des ausholenden Umwegs zur Entstehung kommen" (Positive Theorie des Kapitals, 1, S. 16). Walter Eucken bezeichnet die Tatsache, daß Zwischenprodukte nicht auf dem direkten Wege zu Endprodukten verarbeitet und dem Konsum zugeführt werden, sondern als Hilfsmittel für eine Steigerung der Ergiebigkeit eingesetzt werden, als eine Rückversetzung zur Verlängerung der Produktionsumwege. Er schreibt: „Eine Erfahrungsregel liegt vor, die oft auch das Gesetz von der Mehrergiebigkeit der Produktionsumwege genannt wird" (W. Eucken, Kapitaltheoretische Untersuchungen, S. 246). Hier kommt der Werkzeugcharakter der Technik klar zum Ausdruck.
Die Voraussetzung für solchen technischen Fortschritt ist *das Gespräch des Menschen mit der Natur.* Vielfach sagt man, daß die moderne Technik die Natur besiege. Aber das ist eine schlechte Formulierung, bei der unter Natur das verstanden wird, was wir aus der Zeit der Agrarkulturen her gewohnt sind, und auch eine gefährliche Vorstellung, die zur menschlichen Selbstüberschätzung verleitet. Der Techniker versteht seine Arbeit nicht als Vergewaltigung der Natur und auch nicht als seine Schöpfung, sondern als Anpassung an die Eigenheiten der Natur, *er versteht seine Einsicht als Empfang.* Ein so nüchterner Mann und so erfolgreicher Unternehmer wie Henry Ford schreibt, daß wir wie mit unsichtbaren Antennen ausgerüstet seien, um Gedanken zu empfangen. Er spricht von einer für uns unerkennbaren Urquelle aller Ideen, der man welchen Namen auch immer

geben könne, angesichts derer wir uns aber empfangsbereit halten müßten (Ford, Philosophie der Arbeit, S. 139). Und der belgische Physiker Ilya Prigogine, der 1977 den Nobelpreis für seine Leistungen auf dem Gebiet der irreversiblen Thermodynamik und damit für das physikalische Verständnis der Evolution bekommen hat, schreibt: „Unseren Dialog mit der Natur können wir nur erfolgreich führen von unserem Platz innerhalb der Natur aus, und sie antwortet nur jenen, die ausdrücklich zugeben, ein Teil von ihr zu sein" (Prigogine, Dialog mit der Natur, S. 227). Der Techniker respektiert die Natur. Er lockt mit seinen Fragen Antworten aus ihr heraus, die ohne seine Fragen verborgen geblieben wären. So bringt er sie zu Leistungen, die über das, was sie ohne ihn geleistet hätte, hinausführen. Das ist auch bei dem Landmann nicht anders, auch er hat durch seine Mitwirkung die Natur zu Leistungen gebracht, die ohne ihn nicht möglich waren, und der Wildbeuter mit seiner Naturvorstellung wird das Kornfeld keineswegs natürlich finden. Aber schließlich ist es die Natur selber, die hier wirkt, sie hat sich das flexible und anpassungsfähige Evolutionsorgan, *das Gehirn, herausgezüchtet, und es ist die Natur im Menschen, die mit der Natur außerhalb die Evolution weitertreibt.* Was sich in der Technik vollzieht, ist allein die Verwirklichung der Naturgesetze, daß sie dabei aber jeweils diesen speziellen vom Menschen verlangten Verlauf nehmen, kommt daher, daß der Mensch als Erfolg seines Lernens Anfangsbedingungen setzen kann. Seine eigene Natur verschafft ihm Einfluß auf das Geschehen, daher seine Verantwortung.

Es geht nun darum, die Besonderheiten der technischen Entwicklung, die wir als die Evolution des Menschen verstehen, darzustellen. Sie hat, wie wir sehen werden, positive und negative Züge. Mit der Entwicklung des Gehirns und der Einspeicherung der Erfahrungen gelingt es, das Modell der Wirklichkeit – das in den Grundzügen schon bei Tieren vorhanden ist, denn sonst könnten sie ja nichts lernen – wesentlich auszubauen. Das Modell ermöglicht die Prognosen. An einem Modell kann wie an einem Simulator der Wirklichkeit abgefragt werden, was der Fall sein wird. Das gelingt soweit, wie das Modell reicht, soweit für die Prognose die maßgebenden Gesetze gelernt und eingespeichert sind. Die Befragung des Modells ist dasjenige, was wir unter Überlegen verstehen: Wir vergegenwärtigen uns die verschiedenen Möglichkeiten, die in Betracht kommen, folgern aus dem Modell ihre Konsequenzen und entscheiden, was zu tun ist. Das Modell liefert die Wenn-dann-Folgen.

Das bedeutet, *daß aufgrund des Gelernten der auf das, was sein kann, gerichtete Versuch von der Wirklichkeit in das Gehirn verlegt ist,* daß nur noch in Sonderfällen, wo wir auf die Grenzen des Modells stoßen, experimentell getestet werden muß, daß wir aber in der Fülle des alltäglichen und auch des technischen Lebens aus dem Besitz unseres Erkenntnisstandes heraus handeln. Die subhumane Evolution probiert die Wirklichkeit durch, die humane, die Technik, probiert am Modell mit der Überlegung, es kommt die Theorie zum Zuge. Das bedeutet nicht, daß der Versuch ausgeschlossen wird. Es gibt ja die Naturforschung, weil wir immer wieder auf Grenzen des Modells stoßen. Und es gibt auch das unternehmerische Risiko, weil sich nicht alle Umstände voraussehen lassen, aber der Anteil an der Erprobung der Wirklichkeit ist gegenüber der subhumanen Evolution auf einen kleinen und speziellen Teil zurückgetreten.

Diese Entwicklung, die mit der Bildung des Zentralnervensystems (S. 13) begonnen hat, führt durch ihre quantitative Vervollkommnung zu einschneidenden Folgen. Zunächst ist festzustellen, *daß die menschliche Evolution sehr viel schneller verläuft* und im Laufe der Entwicklung ihr Tempo nicht ständig steigert. Die Versuche mit der Wirklichkeit beanspruchen den Zeitraum von Generationen, die Überlegung liefert das Ergebnis nahezu sofort. Auch hier ist derjenige noch überlegen, der schneller schaltet. Und der wesentliche Vorteil der Computer beruht darauf, daß deren Schaltgeschwindigkeit noch einmal eine Reihe von Zehnerpotenzen größer ist, so daß der Computer noch Rechnungen bewältigt, die für den Menschen zu lange dauern würden.

Die Steigerung der Evolutionsgeschwindigkeit ist zunächst ein Vorteil. Wenn man etwas erreichen will, freut man sich, wenn es schnell geht, und wir verwenden auch alle Mühe auf die Geschwindigkeitssteigerung. Nun erfahren aber keineswegs alle Prozesse die gleiche Beschleunigung, das Zeitmaß der Physiologie, das Tempo des Herzschlags bleibt z. B. konstant. *Was wir feststellen, ist die Verbreitung des Spektrums der Geschwindigkeiten.* Die vergrößerten Geschwindigkeitsunterschiede im Erfahrungsfeld führen aber zu Anpassungsschwierigkeiten. Jede Prognose hat die relative Konstanz des Gelernten zur Voraussetzung, was sich zu schnell im Verhältnis zum übrigen ändert, ist für die Voraussicht untauglich. Die Aufgabe ist daher, das relativ hinreichend Konstante aus dem Fluß der Ereignisse herauszulesen, um sich danach zu richten. Das ist in vielen Fällen nicht das Aktuellste, da frische Erkenntnisse auch schneller veralten. Wir haben heute große Schwierigkeiten mit der sinnvollen Übermittlung des Bildungsgutes, wir werden mit der Fülle des Stoffes kaum fertig, aber es ist noch sehr wenig geglückt, den Studenten vor allem das lernen zu lassen, was er zehn Jahre später im Beruf vor allem wissen muß. Hier bedarf der Unterricht sorgfältiger Abwägung und Vorsicht gegenüber dem verführerischen Reiz des Aktuellen. *Die Entwicklungsbeschleunigung ist auch die Ursache des Generationenkonfliktes.* Die Verständigung mit der Jugend ist schwer, wenn die Erfahrungen der Eltern nicht mehr zutreffen. Aber auch hier ist zu bedenken, daß sich zwar vieles ändert, aber doch nicht alles, daß das Konstante, *noch Gemeinsame, unter dem Äußeren meist verborgen ist und daß es der Mühe bedarf, es herauszufinden.*

Die heutige Zeit stellt intellektuelle Forderungen, denen wir uns anpassen müssen. Die Evolution läßt sich vom Menschen zwar beeinflussen, aber sie läßt sich nicht in ihren Grundprinzipien umkehren. Solange es Menschen gibt, wird es auch solche geben, die die Entwicklung vorantreiben, und da wir alle auf derselben Erde wohnen, werden wir miteinander reden und uns gegenseitig verstehen müssen, und das heißt, daß wir *den Beschleunigungsfaktor intellektuell bewältigen müssen.* Die Aussteiger vernachlässigen häufig die gegebenen Zusammenhänge und steigen daher nur halb aus. Die Widersprüche in den Wünschen vieler Grüner haben ihren Grund darin, daß sie ihre Situation nicht ganz zu Ende gedacht haben und nur halb ausgestiegen sind.

Wir kommen zu einem weiteren wichtigen Unterschied von humaner und subhumaner Evolution. Das Gehirn setzt *das Werk der Natur fort, aber es geschieht im wesentlichen unblutig.* Durch das Hilfsmittel der Überlegung könnte der Prozeß völlig gewaltlos verlaufen. Daß es trotzdem noch Haß, Krieg und Vernichtung gibt, hängt mit unserer Erbschaft aus der subhumanen Natur zusammen, diese Gewaltaktionen sind aber für den technischen Fortschritt nicht erforderlich. Die *Wildbeutermoral* lebt noch in uns, aber gegenüber der Überlegung ist die Gewalt offenbar die archaische Methode der Daseinsdurchsetzung. Wir sind so schnell in den Besitz der technischen Güterwelt gekommen, daß der Egoismus und das Besitzstreben herausgereizt sind, daß wir uns im Umgang mit der Technik noch in den Flegeljahren befinden, aber es ist gar keine Frage, daß die Zukunftsprobleme nur durch Gewaltverzicht zu lösen sind, und es ist zu hoffen, daß der Mensch, dieses anpassungsfähigste Geschöpf der Evolution, auf diesem mühevollen Weg langsam weiterkommt. Jedenfalls ist es eine Tatsache, daß Zwang, Ausbeutung und Gewalt unter dem Gesichtspunkt der technischen Evolution einen Rückfall in vergangene Epochen bedeuten.

Wenn auch die menschliche Evolution nicht den Krieg fordert, so ist es doch nicht gelungen, im Kampfe ums Dasein den Tod überhaupt zu besiegen. Die begrenzte individuelle Lebenszeit gehört zu den Grundprinzipien der Evolution und gilt überall, wo überhaupt individuelle Eigenschaften auftreten. Sie ist eine Methode, bestimmte Daseinsweisen im Detail auszuformen, wobei die kommende Generation Gedachtes wie Gelebtes, Vermutetes wie Verstandenes in Auswahl übernehmen kann. Hier unterliegt das Traditionsgut, diese außergenetische Information, der selektiven Auswahl, und welch kleiner Anteil von dem individuell Gelebten in den allgemeinen Strom der Bildung eingeht, ist nicht exakt erkennbar, handelt es sich doch vielfach auch um unbewußte Übermittlung. Doch jeder, der gelebt hat, hat die Welt auch verändert. Aber es ist nicht alles für die Zukunft geschaffen, und wie immer bietet die Evolution mehr als gebraucht wird. *Eine Auswahl unter dem Tradierbaren kann es nur geben, wenn es den Tod gibt,* wenn immer wieder, auf dem Vergangenen aufbauend, doch in neuen Ansätzen gelebt werden kann. *Den Tod gibt es, weil er als strategisches Prinzip von der Evolution zur Optimierung der Anlagen herausgezüchtet worden ist.*

Wir kommen zu einem dritten Merkmal des technischen Weges zur Natur: *die neuen künstlichen Organe, die uns die Technik verschafft, sind ausleihbar.* Damit kommt der große Vorteil der Arbeitsteilung und der Gemeinschaften auf der Basis der Ergänzung zum Zuge, wir profitieren davon, daß jemand anderes ein Werkzeug für uns gemacht hat. Welche Kette fremder Arbeit und fremder Intelligenz kommt uns zugute, wenn wir nur ein Medikament einnehmen oder im Auto fahren. Wir könnten in unserer Individualität gar nicht existieren ohne den ständigen Rückgriff auf Hilfsmittel, die wir nicht selbst hergestellt haben und die herzustellen auch nicht unser Fach ist. Die Ausleihbarkeit der Hilfsmittel macht die Arbeitsteilung und Spezialisierung so fruchtbar, daß die Technik in ihrer Entwicklung auf dem Wege der Funktionsunterteilung immer weiter ausholt. Und das hat zur Folge, daß der einzelne körperlich wie geistig immer mehr zum Teil eines überindividuellen Systems wird und *daß der Zusammenarbeit des überindividuellen Systems die Leistungen der menschlichen Kultur zu verdanken sind.*

Was ist das Ergebnis dieses Zugangs zur Natur? Das Bild, das wir heute von der Natur haben, ist uns technisch-überindividuell vermittelt. Naturforschung ohne Technik gibt es nicht. Die Sinnesorgane hat man das Tor zur Welt genannt. Die große Verbreiterung und Verfeinerung der natürlichen Organe durch die künstlichen hat dieses Tor weit geöffnet und unser Bild von der Welt, das für uns die Wirklichkeit darstellt, vergrößert. Und wir haben gleichzeitig gelernt, daß wir doch nur einen Teil von der Welt sehen, weil die technischen Hilfsmittel, die Brillen, Fernrohre und Elektronenmikroskope ihre eigenen Grenzen erkennen lassen. Das bedeutet: *Welt ist für uns, was unsere Technik uns bietet.* Es ist durchaus denkbar, daß unsere Wirklichkeit sich ändert, daß wir im Fortgang der Entwicklung der Technik andere, neue Teile der Welt zu sehen bekommen, von denen wir noch keine Vorstellung haben.

## 2.1.2 Die Rückwirkung der Naturerkenntnis auf den Menschen

Der technische Zugang zur Welt verändert den Menschen. Es ist ein kompliziertes Wechselspiel mit der Natur. Das Gehirn studiert die Natur, paßt sich ihr aktiv an, lernt dabei neue Möglichkeiten kennen, verhält sich dementsprechend und verändert dabei seine Umwelt, deren Veränderung es sich erneut anpassen muß. Nun besagt ein Gesetz der Kybernetik, daß dieser Prozeß *zu einem unfruchtbaren Zirkel führt, wenn die Maßstäbe für die Änderungen allein vergangenen Änderungen entnommen werden.* Nicht alles, was möglich ist, ist auch zweckmäßig. Die rechte Auswahl, das Grundproblem der Handhabung der Technik, wird uns noch weiter beschäftigen. Hier wollen wir zunächst die Rückwirkung der technischen Entwicklung auf den Menschen betrachten, der gegenüber er sich zu verhalten hat.

An erster Stelle ist hier die Erfahrung vom Vorteil der Zusammenarbeit auf der Basis der Ergänzung zu nennen (S. 15). Den Ergänzungsgemeinschaften, die wir auch als komplementäre Gemeinschaften bezeichnen, begegnen wir auch im Tierreich (Sachsse, Was ist Sozialismus?, S. 10 ff.), der Zusammenhalt der Gruppe beruht auf der Verschiedenheit der Mitglieder. Allgemein verstehen wir unter komplementär die Bezeichnung von Gegensätzen, die sich bei demselben Individuum gleichzeitig ausschließen, aber eng aufeinander bezogen sind, sich gegenseitig ergänzen und durch die Ergänzung den Zusammenhang stiften. Wachen und Schlafen sind solche komplementären Gegensätze. In der Biologie spielen sie für die Gemeinschaftsbildung eine große Rolle. Bei den komplementären Tiergesellschaften herrscht die genetische Fixierung vor. *Erst der Mensch, individuell lernend, entfaltet diese Form der Gemeinschaft in ungeheurem Maße.* So wird die Arbeitsteilung zum Motiv wie zum Band der Vergesellschaftung. Die Technik ist es, die den Menschen im hervorragenden Sinne zum Gemeinschaftswesen, zum *animal sociale* macht (S. 16). Der Werkzeuggebrauch, der einige Millionen Jahre alt ist, zieht die Entwicklung der Sprache hinter sich her, wie man aus der Entwicklung des Kehlkopfes schließen kann (Sachsse, Anthropologie der Technik, S. 39). Die Vergesellschaftung hat mit der Entwicklung der Technik immer mehr zugenommen, und heute erstreckt sich die Verflechtung global über die ganze Erde.

So ist die Geschichte des Menschen durch die Technik geprägt. Eine vorzügliche Rolle hat dabei die Kriegstechnik gespielt. Mit der Erfindung des Streitwagens im zweiten vorchristlichen Jahrtausend beginnt der Bewegungskrieg und die große Politik, der Steigbügel, um 800 n. Chr. eingeführt, hat die Hände freigesetzt und den Kampf zu Pferde und die Reiterheere ermöglicht, und heute erleben wir, wie die Kriegsentscheidungen von der Modernität der Waffen abhängen. Die Geistesgeschichte hat von diesem grundlegenden Einfluß der Technik erstaunlich geringe Notiz genommen, sie berichtet mehr von den Entscheidungen und Taten der Menschen als von den Möglichkeiten und Versuchungen, denen sie zum Opfer gefallen sind. Praktisch zeigt sich aber, daß Machtverschiebungen Gleichgewichte sprengen und zu Kriegen führen und daß die Ursache der Machtverschiebungen allemal technische Errungenschaften waren. Die abendländische Geistesgeschichte war vorwiegend personal und individualistisch ausgerichtet, sie hat offenbar die technischen Abhängigkeiten zu gering eingeschätzt, hat noch nicht ausreichend zu der Einsicht in die Verführungen der Technik geführt. Die Methode, die Ansprüche im Kampfe ums Dasein durch Krieg und Gewalt zu befriedigen, stammt aus der subhumanen Natur, und das Werkzeug der Technik hat sich hier dienstbar angeboten. Und die gefahrvollen Kriegsrüstungen zeigen, daß wir auch heute noch nicht diese Einstellung überwunden haben. Aber das ist noch eine Erbschaft aus der Wildbeuterzeit. Die Technik ermöglicht gerade die Verbesserung der Lebensbedingungen und den Fortschritt ohne Gewalt. Es ist heute billiger und fruchtbarer, das eigene Land zu industrialisieren, als ein fremdes zu erobern. *Die Technik ermöglicht Gewinne, die niemandem weggenommen werden, weil sie Güter erzeugt.* Aber das sind Gesichtspunkte, die zur Zeit noch in die Zukunft weisen. Immer bleibt das Werkzeug, und zwar um so mehr, je mächtiger es ist, ebenso eine Versuchung wie ein nützliches Hilfsmittel.

Es scheint, daß überhaupt das überindividuelle System, dem wir naturhaftem Sachzwang zufolge angehören, noch nicht genügend durchdacht ist. Die abendländische Philosophie hat sich vornehmlich mit dem einzelnen Individuum, mit seinem Heil, seiner Verantwortung, seinem Erkenntnisvermögen befaßt und den Gedanken vernachlässigt, *daß Leistung wie Glück etwas Gemeinsames bedeutet.* Das Christentum hat den Menschen im Bewußtsein seiner Besonderheit sehr rigoros von der Natur getrennt und ihr gegenübergestellt, und Descartes hat mit seiner kategorischen Unterscheidung von *res cogitans* und *res extensa*, von denkender Substanz und ausgedehnter, das Denken aus aller naturhaften Bindung abgelöst. Er schreibt, daß wir uns mit seiner Methode zu Herren und Eigentümern der Natur machen könnten (Descartes, Von der Methode, S. 101). Es gibt das Ideal eines „reinen" Denkens, wobei „rein" bedeutet frei von aller naturhaften Verwurzelung und Bindung und getragen von dem Glauben, daß der einzelne Denker die Wahrheit finden kann.

Die Idee vom freien, unabhängigen Menschen, von der Emanzipation des Individuums hat eine weitere Stärkung durch die Aufklärung, durch den Siegeszug der Wissenschaft erfahren. Gleichzeitig verblaßt mit der

Säkularisation die Gottesvorstellung, so daß die Vernunft autonom wird und an die Stelle Gottes tritt. Bei Kant empfängt der Mensch keine Erkenntnis mehr von der Natur, sondern er schreibt sie ihr vor. Es heißt, daß „die Vernunft nur das einsieht, was sie selbst nach ihrem Entwurfe hervorbringt" (Kant, Kritik d. r. Vernunft, B. XIV). Kant verlangt, „daß die oberste Gesetzgebung der Natur in uns selbst, d. i. in unserem Verstand liegen müsse, und daß wir die allgemeinen Gesetze derselben nicht von der Natur vermittels der Erfahrung, sondern umgekehrt die Natur, ihrer allgemeinen Gesetzmäßigkeit nach, bloß aus den in unserer Sinnlichkeit und dem Verstande liegenden Bedingungen der Möglichkeit der Erfahrung suchen müssen". Daraus folgert er: „Der Verstand schöpft seine Gesetze (a priori) nicht aus der Natur, sondern schreibt sie ihr vor" (Prolegomena, A 112, 113). Die Vorstellung, daß jedes Erkenntnisvermögen immer nur ein Teil eines umfassenderen überindividuellen Ganzen sein kann, ist hier nicht gedacht.

Auch das ethische Denken Kants folgt streng der individuellen Linie, es ist vollständig subjektbezogen. Kant schreibt: „Es ist überall nichts in der Welt . . . was ohne Einschränkung für gut gehalten werden könnte als der gute Wille." „Der gute Wille ist nicht durch das, was er bewirkt . . . sondern allein durch das Wollen, d. i. an sich gut." „Wenn bei seiner größten Bestrebung dennoch nichts von ihm ausgerichtet würde . . . so würde er wie ein Juwel doch für sich selbst glänzen als etwas, das seinen vollen Wert in sich selbst hat" (Grundlegung zur Metaphysik der Sitten, BA 3). Kant geht es allein um die Gesinnung. „Was ich aber zu tun habe, damit mein Wollen sittlich gut sei, dazu brauche ich gar keine weitausholende Scharfsinnigkeit" (Grundlegung, BA 19). Das Ziel dieser Ethik ist das individuelle Seelenheil. Nun gibt es die Ethik aber doch nur, weil wir alle Glieder eines überindividuellen Ganzen sind, sie behandelt vorzüglich die Beziehungen zum Mitmenschen, und auch die Pflichten gegen sich selbst stehen im Zusammenhang mit dem, was der einzelne dem Ganzen schuldet und von ihm erhält. Daher geht es beim Verhalten weniger um die eigene Gesinnung als um die Objekte, die vom Verhalten betroffen sind. Gute Gesinnung allein bietet nicht die Gewähr, daß das Handeln den Bedürfnissen der Betroffenen auch gerecht wird. Idealisten haben schon viel Unheil angerichtet. Auch Terroristen ist der Idealismus nicht grundsätzlich abzusprechen. Es ist vielmehr über die Gesinnung hinaus auch notwendig, die Folgen zu bedenken, was bei dem komplizierten Wirkungsgefüge heute auch durchaus Scharfsinn erfordern kann. Es ist notwendig, sich die Gesamtzusammenhänge zu vergegenwärtigen, so gut es geht, nach bestem Wissen und Gewissen, wie man sagt, wobei Gewissen, conscientia, wörtlich das Zusammenwissen bedeutet, das ist die Überlegung in bezug auf alle Möglichkeiten. Eine Ethik, die sich nicht dem Vorwurf der Fahrlässigkeit aussetzen will, beruhigt sich nicht allein mit dem guten Willen, sondern verpflichtet auch zu dieser intellektuellen Anstrengung. Anders gibt es keine Verantwortung. Aber es ist keine leichte Aufgabe, denn in unserer geistigen Tradition wird das Individuum vielfach ohne die Gesellschaft und unabhängig von ihr gesehen, während wir, sobald wir nur nüchtern den Stoffwechsel bedenken, einräumen müssen, *daß das Individuum ein Relativbegriff ist, daß es nur in bezug auf die Gesellschaft existieren kann,* so wie auch die Gesellschaft nur als Gesellschaft von Individuen existiert (S. 90). Obwohl es die naturwissenschaftliche Erkenntnis handgreiflich lehrt, fällt es dem Individuum, dessen Selbstvorstellung in der Reflexion außerordentlich hochgezüchtet worden ist, *offenbar doch sehr schwer, sich als Teil von etwas zu verstehen.* Hier ist es eben die Aufgabe der ökologischen Philosophie, den so trivialen Sachverhalt, daß der Mensch nur ein Glied eines umfassenden Ganzen ist, zum Bewußtsein zu bringen.

Das überindividuelle System, das sich mit der Neuzeit voll herausgebildet hat, *besitzt eine weitere Eigenschaft, die sein Verständnis erschwert: es ist unanschaulich geworden.* Die Arbeit des Bauern und Handwerkers war ganz im Bereich der anschaulichen Gegenstandswelt, und daher konnte jeder beurteilen, wozu seine Arbeit im einzelnen diente und was der andere tat und leistete. Die moderne Technik ist zu Dimensionen vorgestoßen, die sich der unmittelbaren Anschauung entziehen und die zu ihrer Beurteilung der Spezialausbildung bedürfen. Und indem die Umwege immer weiter ausholen, ist der einzelne mit seiner Arbeit immer weiter vom Endziel entfernt, so daß ihm der Gesamtzusammenhang immer fremder wird. Das ist das Phänomen der Entfremdung, das Marx als erster in seiner Bedeutung für den Werktätigen voll erfaßt hat. Hegel hatte die Entfremdung als einen philosophischen Begriff definiert, als die Idee in ihrem Anderssein, in ihrer Entäußerung. Marx spricht demgegenüber von den materiellen, sozialen Verhältnissen. „Die Entäußerung des Arbeiters in seinem Produkt hat die Bedeutung, nicht nur, daß seine Arbeit zu einem Gegenstand, zu einer äußeren Existenz wird, sondern daß sie außer ihm, unabhängig, fremd von ihm existiert und eine selbständige Macht ihm gegenüber wird, daß das Leben, was er dem Gegenstand verliehen hat, ihm feindlich und fremd gegenübertritt" (MEW, Erg.-Bd., S. 512).

Marx hat bei Entfremdung vor allem an den Gegensatz von Kopf und Hand gedacht. Aber seit der Zeit von Marx hat sich die Technik und damit die Spezialisierung und damit die Entfremdung weiterentwickelt, so daß es heute nicht mehr um diesen Gegensatz geht, sondern daß es auch zu einer *umfassenden Entfremdung der geistigen Arbeit gekommen ist.* Auch der geistige Arbeiter in den großen Organisationen heute fühlt sich leicht dem undurchschaubaren, anonymen Prozeß ausgeliefert, an dem er als Glied in der Kette mitarbeitet. Der Verlust der Transparenz ist zum entscheidenden Problem unserer technischen Arbeit geworden. Marx hat vorgeschlagen, zur Aufhebung der Entfremdung die Arbeitsteilung wiederaufzuheben. Aber das hat sich als trügerische Hoffnung erwiesen. Der reale Sozialismus in den östlichen Ländern arbeitet heute mit der gleichen Arbeitsteilung wie die westlichen Zivilisationen. Lenin hat diese „großkapitalistische Technik" ausdrücklich verlangt. Organisatorisch ist die Technik an die Funktionsunterteilung gebunden.

Die Entfremdung ist ein gesellschaftliches Problem. Auf das geeignete Verhalten ihr gegenüber kommen wir zurück (S. 111 ff.). Hier ging es zunächst um die Feststellung, daß sie eine notwendige Folge unseres technischen Zuganges zur Natur ist: Die künstlichen Organe, die verliehen und vertauscht werden, können uns nicht so vertraut sein wie die natürlichen, und je vollkommener sie sich entwickeln, um so fremder müssen sie auch werden. Hier ist offenbar eine Neuorientierung zwischenmenschlicher Beziehungen erforderlich.

Der technische Zugang zur Natur hat uns namentlich in den letzten Jahrzehnten noch ein weiteres belastendes Faktum zum Bewußtsein gebracht. Jeder Fortschritt hat zwei Seiten, positive wie negative, er hat seinen Preis. Dabei kann sich die Frage stellen, ob der Preis nicht zu hoch wird, ob es nicht besser ist, den Fortschritt zu unterlassen. *Der Gedanke ist neu.* Bei der Entwicklung der Technik seit der Frühzeit waren die Vorteile des Fortschritts so eindeutig, daß man sich wenig Sorge um die Nachteile gemacht hat. Zwar ist von intellektueller Seite schon früh gewarnt worden, aber das hat doch den praktischen Gang der Entwicklung wenig beeinflußt. Inzwischen hat sich aber das Tempo der Entwicklungen derart beschleunigt und die Wirkungen und Gegenwirkungen haben derart zugenommen, daß sich die Frage stellt, ob dieser *Evolutionsmechanismus nicht unserer Kontrolle entgleitet und uns zugrunde richten wird.*

Den biologischen Gesetzen würde das keineswegs widersprechen. Die Biologie geht *nach Versuch und Irrtum vor und sagt nicht, ob eine Art auf dem rechten Weg ist.* Es sind sehr viel mehr Arten zugrunde gegangen als wie überlebt haben. Der Mensch lebt erst sehr kurze Zeit auf der Erde. Rechnet man für die gesamte Evolution einen Tag, so ist er erst in den letzten Sekunden dazugekommen. Wer sagt, daß dieser Evolutionsversuch gelingen wird, daß der Mensch nicht auch bald wieder aussterben wird? Ist er intellektuell und moralisch noch in der Lage, die Technik zu handhaben und ihren Versuchungen zu widerstehen? Der rasche Wandel und die steigende Kompliziertheit der Verhältnisse macht den Überblick problematisch, die momentanen Hilfsmittel und Machtchancen verführen zum Mißbrauch, und die Natur wird äußerst anthropozentrisch ausgenutzt. Wer sagt uns, daß wir uns nicht in einer Sackgasse der Evolution befinden, wie so viele Arten vor uns? Sind es nicht gerade unsere Fähigkeiten, die immer gefährlicher werden? Theo Löbsack ist in einem Buch diesen Gedanken nachgegangen und kommt zu einem negativen Ergebnis (Theo Löbsack, Versuch und Irrtum). Der Text liest sich nicht ermunternd, und es ist nicht leicht, seinen Argumenten zu widerstehen. Max Born, der den Nobelpreis für die statistische Deutung der Quantenmechanik erhalten hat, schreibt von Sorgen über die Rückwirkung der Physik auf die Waffentechnik gequält: „Die politischen und militärischen Schrecken sowie der vollständige Zusammenbruch der Ethik, deren Zeuge ich während meines Lebens gewesen bin, sind kein Symptom einer vorübergehenden sozialen Schwäche, sondern die notwendige Folge des naturwissenschaftlichen Aufstiegs – der an sich eine der größten intellektuellen Leistungen der Menschheit ist" (Max Born, Erinnerungen und Gedanken). Demgegenüber versprechen die Religionen dem Menschen die Rettung trotz aller Versuchung, und das Christentum verlangt Hoffnung und Glauben.

Aber es gibt auch ein wissenschaftliches Argument, das die Hoffnung stützt. Mit dem Gehirn ist ein neuartiges Evolutionsorgan herausgezüchtet worden, und da es über die außergenetische Informationsübertragung verfügt, *ist es in der Lage, umzulernen.* Ursache für den Artentod war immer die Tatsache, daß die genetische Anpassung zu langsam war im Verhältnis zu den Änderungen der Umwelt. Beim Menschen stehen wir vor einer neuen Situation: Das Gehirn erhöht die Anpassungsgeschwindigkeit um Größenordnungen und erlaubt die Anpassung auch noch im Zeitraum des individuellen Lebens, aber es beschleunigt auch gleichzeitig den Umweltwandel. Ob wir nicht an unserer Technik zugrunde gehen, hängt davon ab, ob wir schnell genug aus unseren Fehlern lernen, ob wir wirklich umlernen können. Wobei zu bemerken ist, daß das *Umlernen nicht die Grundprinzipien des Handelns betrifft, sondern nur die Durchführungsbestimmungen.* Das gibt uns wieder Hoffnung, aber wir sind das Umlernen noch wenig gewöhnt, und es ist ein schwieriges Geschäft. Auf die Wege des Umlernens kommen wir im dritten Abschnitt zurück.

In unserer Beziehung zur Natur müssen wir noch auf die Frage eingehen, wie weit sich unsere Verantwortung erstreckt: *Gibt es eine Verantwortung für die Natur, die unabhängig von der Verantwortung für die lebende und zukünftige Menschheit besteht?* Das ist eine für das ökologische Denken entscheidende Frage, da von ihrer Beantwortung die Fundierung der Umweltethik abhängt. Dieter Birnbacher hat das Problem sorgfältig untersucht und kommt zu dem Ergebnis, daß es für solche Umweltethik keinen Beweis gebe (Dieter Birnbacher, Ökologie und Ethik, S. 103 ff.). Er setzt sich durchaus für den Naturschutz ein, auch wenn er Opfer fordert, und, wo es nicht um kurzfristige Vorteile geht, für die Erhaltung der Arten und die Pflege der Landschaft, er spricht von ästhetischen Ressourcen, die für das Lebensgefühl von Wichtigkeit sind und die politisch und ökonomisch ernster genommen werden sollten, aber das alles betrifft, wie er schreibt, die Natur für den Menschen und nicht die Natur an sich. „Wüßten wir mit Gewißheit, daß der Planet Erde vom Jahre 2000 bis in alle Ewigkeit für Menschen unbewohnbar wäre, gäbe es keinerlei ethischen oder ästhetischen Grund, warum wir die Welt nicht als Müllhalde hinterlassen sollten" (a. a. O., S. 132). Wieweit sich der Mensch für die Natur als solche verantwortlich versteht, ist eine metaphysische Frage, die von einer Grundentscheidung dem Leben gegenüber abhängt, und daher gibt es für sie letztlich auch keine Beweise, insoweit möchten wir Birnbacher zustimmen. Aber es gibt doch nüchterne Argumente, die für einen Eigenwert der Natur sprechen, die weder „romantisch verklärend" noch „mystisch irrational" sind (a. a. O., S. 134). Wir wollen sie prüfen.

Die Grundlage der Philosophie ist die Frage nach dem Sein: warum ist nicht nichts? Die eine Antwort lautet, daß es darauf keine Antwort gibt und die andere, daß es den Drang zum Sein gibt, weil das Sein mehr wert ist als das Nichtsein. Der Drang zum Sein läßt noch verschiedene Interpretationen zu. Der Christ versteht ihn als den Auftrag Gottes, der Physiker sieht ihn in der Entropiedifferenz verwirklicht, die die Ursache jeder Veränderung ist (S. 12 ff.). Der Lebenswille in der ganzen Natur spricht für die positive Bewertung dieses Dranges zum Sein, ohne allerdings seinen Wert zu beweisen. Ob ein einzelner Mensch das Sein will oder nicht, entscheidet sich sehr früh. Die Veranlagung und die frühkindliche Erfahrung spielen eine Rolle und prägen die Grundeinstellung, das Urvertrauen, das durch spätere Argumente nur schwer zu erschüttern wie zu gründen ist.

Wenn wir dem Sein einen Wert zumessen, ist es naheliegend, auch Stufen des Seins zu unterscheiden. In der Reihe von der anorganischen Materie über die Amöbe bis zu den Primaten und dem Menschen nimmt nach unserem Urteil der Wert des Seienden zu. Wieso ist eine solche Rangordnung begründet? Prüfen wir die Abhängigkeiten. Das niedere Niveau ist die notwendige, aber nicht hinreichende Bedingung des höheren. Das Frühere ist die Voraussetzung des Höheren, aber gleichgültig gegenüber dessen Existenz. Doch es läßt sich aus dem Höheren folgern: wenn es das Höhere gibt, muß zuvor das Niedere da sein. Diese Folgerung bezieht sich aber nur auf die Existenz des Niederen, nicht auf seine Ausstattung im Detail, denn es kann mehr Möglichkeiten enthalten, als im Höheren verwirklicht sind. *Es empfängt nicht seine Daseinsberechtigung vom Höheren.* Und aus der notwendigen Bedingung folgt: das Höhere darf das Niedere konsumieren, aber nicht aufbrauchen. Die Tiere dürfen die Pflanzen fressen, aber nicht auffressen. Und schließlich: das Höhere läßt sich aus dem Niederen nicht ableiten, weil bei ihm Neues in Erscheinung tritt.

Warum bezeichnen wir nun das Spätere, das sich in der Evolution dank seiner Kompliziertheit durchgesetzt hat, auch als das Höhere? Diese Wertung liegt der alten Schichtentheorie zugrunde, wie sie in der Genesis, bei Aristoteles, in der christlichen Philosophie, bei Nicolai Hartmann dargestellt ist. Die Sicht des Menschen als Spitze der Schöpfung folgt aus diesem Weltbild. Es enthält zwei Prämissen: a) Sein ist mehr wert als Nichtsein, b) mit der Kompliziertheit nimmt der Seinsgehalt, die Seinsdichte, die Konzentration von Sein und der Seltenheitsgrad von Sein zu. *Das Seltene hat von Natur aus einen höheren Wert, weil es schwerer ersetzbar ist. Und das Komplizierte ist seltener, weil es mehr Unterschiede zu anderem Komplizierten hat.* Daher der unersetzliche Wert eines Menschen.

Damit ist zwar die Rangordnung im Sein dargestellt, aber die Frage ist noch nicht beantwortet, ob die einzelnen Seinsstufen für sich einen Wert haben oder nur als Vorstufen und in bezug auf die nächsthöheren, deren Grundlage sie sind. Nun existiert das Niedere aber unabhängig von dem Höheren, es bedarf dessen nicht, und es hat offenbar auch sehr lange Zeit allein existiert. Daher muß man ihm *auch einen eigenen Wert zurechnen, wenn man dem Sein überhaupt einen Wert zurechnet.* Wie kann die ganze Welt nur für den Menschen da sein, wenn dieser überhaupt erst in der letzten Sekunde des Schöpfungstages hinzugekommen ist?

Es kommt hinzu, daß *das Niedere zwar nicht an Verwirklichungen, jedoch an Möglichkeiten reicher ist als das Höhere.* Bei jedem Fortschritt, der auch ein Irrtum sein kann, wird eine Tür zu anderen Fortschritten zugeschlagen, und es ist bei der Evolution ein alltäglicher Fall, daß bei falschen Entwicklungen wieder auf die Grundlagen zurückgegriffen wird, um einen neuen Ansatz zu finden. Dem Satz, man könne die Erde als Müllhalde zurücklassen, wenn das Schicksal des Menschen besiegelt sei, ist ethisch nicht ohne Bedenken zuzustimmen. Die *Evolution wird auch nach einem solchen Fall weitergehen,* wird nach dem Fehlschlag mit dem Menschen neue, höher organisierte Lebewesen hervorbringen. *Es ist nicht einzusehen, daß die Menschheit das Recht hat, der Entwicklung diese Möglichkeit zu nehmen oder sie auch nur zu erschweren, nur weil ihr eigenes Schicksal besiegelt ist.*

Die ganze Evolutionsgeschichte hat gezeigt, daß nicht die Erhaltung der Art das letzte Ziel der Evolution ist, sondern die Erhaltung und Steigerung des Lebens. Nur so ist der häufige Artentod zu verstehen. Die hohe Anpassungsfähigkeit des Gehirns eröffnet dem Menschen zwar eine erhöhte Chance, zu überleben, aber es gibt auf diesem Gebiet keine sicheren Prognosen. Das bedeutet bei nüchterner Betrachtung, daß *der Mutterboden einen von der Ernte unabhängigen Wert besitzt.*

Wesentlich an dieser Überlegung ist die Tatsache, daß man die Natur nicht als Zustand, sondern als Prozeß versteht (S. 12f.). Ein Zustand ist etwas Totes, an ihm ist keine Bestimmung erkennbar. Die Substanz der Natur ist aber nicht tot, hat sie doch bereits lange vor menschlicher Mitarbeit das Leben hervorgebracht. Auch Birnbacher läßt, mit Einschränkungen allerdings, einen eigenen Wert der Natur gelten, soweit sie leidensfähig sei. Damit ist ein zum Kompromiß leitender Gedanke eingeführt. Aber das Leiden hängt mit dem Bewußtsein zusammen und ist eine ins Tierreich schwer verfolgbare Kategorie. Für den Eigenwert kommt es auch weniger auf die Leidensfähigkeit und das Bewußtsein an als darauf, ob eine Bestimmung, eine Veranlagung vorgegeben ist, die *als eigene Veranlagung, wenn die Substanz nicht mißbraucht werden soll, auch ein eigenes Recht auf Verwirklichung hat.* Wer die Natur als Prozeß versteht, muß ihr dieses Verwirklichungsrecht zubilligen, demgegenüber der Mensch die Funktion des Treuhänders hat. Wer schöne Möbel verbrennt, begeht eine Zweckentfremdung, weil sie dafür nicht sind.

Die Schönheit der Dinge ist ein Zeichen ihres Eigenwertes. Gewiß ist es unser Urteil, das ihnen Schönheit zuerkennt. *Aber die Schönheit erschöpft sich nicht als ein subjektiver Sachverhalt.* Die Schönheit ist älter als der Mensch. Die Schmetterlinge und das Zusammenspiel von Blumen und Bienen sind Merkmale, an denen wir die Schönheit wahrnehmen, aber sie sind, wie sie sind, ob der Mensch sie sieht oder nicht, und wir haben die Schönheit auch nicht erschaffen. Wir bemerken auch, daß Tiere auf Schönheit reagieren. Für das bunte Federkleid der Kolibris macht Ernst Haeckel den „verfeinerten ästhetischen Geschmack der feinsinnigen Weibchen" verantwortlich. Die Liebe werde bei diesen Vögelchen zur bewirkenden Ursache ihres unübertrefflichen Schmuckes (Haeckel, Kunstformen der Natur, Tafel 99). Es gelingt auch nicht, die Hervorbringung der Formen in der Evolution ausschließlich in bezug auf die Fortpflanzung und Vermehrung darzustellen. Gewiß entscheidet die Selektion nach dem Geschwindigkeitsmaßstab. Aber in diesem Prozeß werden gleichzeitig Anlagen verwirklicht, die nicht unmittelbar nützlich sind, es gibt die atelischen Merkmale. Adolf Portmann, der große Beobachter der Natur, hat von einer Selbstdarstellung der Organismen gesprochen, und das ist die Verwirklichung der eigenen Anlagen (Adolf Portmann, An den Grenzen des Wissens).

Der *Anthropozentrismus ist eine naheliegende, aber etwas primitive Annahme.* Die Naturbetrachtung zeigt uns in allen Einzelheiten den Menschen als Glied des Ganzen. Aber wie kann das Ganze nur für eines seiner Glieder da sein, selbst wenn dieses Glied ein Spitzenglied ist? Und schließlich: Widerspricht nicht der Anthropozentrismus den Grundprinzipien der

Ethik? Liegt hier nicht ein Mißverständnis des überindividuellen Systems vor, eine Verengung des Bewußtseins ausschließlich auf das eigene Selbst? Kann das persönliche Seelenheil das ausschlaggebende Ziel ethischen Handelns sein? Kann man gut sein wollen? Wird das Gutsein nicht dem geschenkt, der in bezug auf andere Objekte gut handelt und nicht in bezug auf sich selbst? Und die Natur wird bei dem Anthropozentrismus völlig vergessen. *Weder Philosophie noch Theologie scheinen auf den Gedanken gekommen zu sein, daß man sich der Natur gegenüber gut oder schlecht verhalten könne.*

Einen Ansatz, der sich auf die Objekte des ethischen Handelns bezieht, hat Hans-Eduard Hengstenberg gebracht. Er bezeichnet das sittlich Gute als Sachlichkeit und fährt fort: „Wenn wir von der Sachlichkeit als Grundhaltung reden, dann meinen wir jene Haltung, die sich dem Seienden um des Seienden selbst willen zuwendet, und zwar dergestalt, daß der sachlich Eingestellte mit dem inneren Seins- und Sinnentwurf dieses Seienden ‚konspiriert'. Er betrachtet das Seiende von ihm, dem Seienden selbst her. Konspirieren bedeutet ‚Mitatmen', seinen Atem gleichsam mit dem der Dinge vereinigen . . . Konspirierende Teilnahme wendet sich dem Seienden in einer Hingabe zu." Er nennt dieses Vermögen zur Sachlichkeit, das noch unentzweit ein „intellektives, volitives und emotionales Moment" enthält, „ein menschliches Urphänomen" (Hengstenberg, Grundlegung der Ethik, S. 33). Hengstenberg führt aus, daß wir bei allen Verhaltensweisen, die wir intuitiv als sittlich gut empfinden, durch nachfolgende Besinnung diese so charakterisierte Sachlichkeit als Grundelement feststellen können. Von einem mehr positivistischen Ausgangspunkt her hat Erich Kadlec den Standpunkt der Betroffenen, um den es ja in der Ethik geht, in den Vordergrund gestellt (E. Kadlec, Realistische Ethik). Mit der Fähigkeit des individuellen Lernens hat der Mensch die Möglichkeit erhalten, sein Bewußtsein teilnehmend und teilhabend zu erweitern. *Diese Haltung, die sich hingebend dem Objekt öffnet, gewährt der Sache den ihr zukommenden Respekt, sie besitzt aber auch noch einen erkenntnistheoretischen Vorsprung, weil der Hörende mehr erfährt als der, der nur fragt.*

Fassen wir das Ergebnis dieses Abschnittes zusammen, so zeigt sich, daß die Technik der Weg zur Naturerkenntnis ist und daß die Naturerkenntnis sehr großen Einfluß auf den Menschen hat, daß sie ihm erlaubt, manche Dinge klarer zu sehen und manche Vorteile zu gewinnen, daß sie ihm aber über die Verantwortung und die Entfremdung auch gewaltige neue Probleme aufbürdet. Bevor wir uns um weitere Antworten zu den aufgeworfenen Fragen bemühen, müssen wir zunächst noch auf die gesellschaftlichen Funktionen der Technik eingehen.

## 2.2 *Die Technik als Weg zur Gesellschaft*

Der Vorsprung der Zusammenarbeit auf der Basis der Ergänzung ist die gesellschaftsbildende Kraft. Das klassische Beispiel in der Natur ist die Verschiedenheit und Vereinigung der Geschlechter. Die Verschiedenheit ist genetisch fixiert, und das Verhalten ist daher instinktiv gesteuert. Das ist auch bei den menschlichen Geschlechtsbeziehungen noch weitgehend der Fall. Aber der Mensch als das lernende Wesen praktiziert neben der genetischen auch noch die individuell gelernte Spezialisierung und Arbeitsteilung. Was hier gelernt wird, ist der Gebrauch und die Vervollkommnung der Sinnesorgane, es ist die Technik. Mit dem Fortgang der Entwicklung verfeinert sich die Spezialisierung und vergrößert sich der Umfang der sich ergänzenden Gruppen. So wird die Technik mit ihrem Prinzip der Arbeitsteilung zur gesellschaftsbildenden und gesellschaftsformenden Kraft.

Dabei wirken Genetik, Frühprägung, unbewußt und bewußt Gelerntes zusammen, über Familie, Stamm und Volk bilden sich die Staaten und setzen sich mit Hilfe ihrer technischen Mittel auseinander, und es entstehen die großen, wirtschaftlich-technisch fundierten Kultursphären. Die Geschichtsschreibung hat diese Entwicklung vielfach als Folge individueller Taten aufgefaßt und hat recht wenig beschrieben, welch großen, oft ausschlaggebenden Einfluß die technischen Errungenschaften auf den kriegerischen Verlauf der Geschichte und auf die kulturelle Bildung gehabt haben. Erst Karl Marx hat nachdrücklich auf den Einfluß der materiellen Lebensbedingungen, wie sie sich als Technik präsentieren, hingewiesen. Aber eine systematische Kulturgeschichte der Technik gibt es auch heute noch nicht.

Betrachten wir den Weg der Technik zur Gesellschaft, so stoßen wir auf die enge Verkoppelung von Technik und Wirtschaft. Gemäß der Definition des Duden bedeutet Wirtschaft „die Gesamtheit der Einrichtungen und Maßnahmen zur Deckung des menschlichen Bedarfs an Gütern und persönlichen Leistungen". Diese Definition deckt sich weitgehend mit dem, was wir unter Technik verstehen. Und Technik und Wirtschaft haben weiterhin gemeinsam, daß es sich um Verfahren zur Erreichung außertechnischer und außerwirtschaftlicher Ziele handelt. Gibt es nun Methoden, technische von wirtschaftlichen Werten zu unterscheiden? Das kommt offenbar auf die Bewertungsmaßstäbe an. So sagt man, daß ein Verfahren elegant oder einfach sei oder gut funktioniere oder sich leicht bedienen lasse, aber doch zu teuer sei. Aber diese Maßstäbe hängen stark von Gefühlseindrücken ab. *Zahlenmäßig gibt es allein den Maßstab von Aufwand zu Erfolg*, in dem sich alle echten Vor- und Nachteile eines Verfahrens auch ausdrücken lassen. Das ist aber gleichzeitig der wirtschaftliche Maßstab. Bieten sich verschiedene technische Möglichkeiten an, so ist diejenige die

beste, für die das Verhältnis von Aufwand zu Erfolg am günstigsten ist.
Selbst der Bastler, der aus reiner Freude am Funktionieren etwas konstruiert, wird der Methode den Vorzug geben, die mit geringerem Aufwand ein
Ziel erreicht. Jede Vergleichskalkulation beruht auf diesem Prinzip. Dabei
ist es allerdings wichtig, Aufwand und Ertrag umfassend, das heißt einschließlich langfristiger Folgen zu berücksichtigen, so daß auch die Aufwendungen für Umweltschutz nach dem Verursacherprinzip in die Kalku-
lation mit eingehen. Dieser Effizienzmaßstab ist der Technik nicht von der
Wirtschaft aufgezwungen, sondern ist ein Optimierungsprinzip, das der
Technik von ihrem Ursprung her eigen ist und das die Wirtschaft als Prinzip rationalen Handelns übernommen hat. Dieser Maßstab gilt auch unabhängig vom Wirtschaftssystem. Die Systeme unterscheiden sich durch ihre
Ziele und durch die Institutionen zur Zielfindung, das Effizienzprinzip
wird davon nicht berührt.

Fragen wir nun weiter, ob die Technik eine bestimmte Form der Zusammenarbeit vorschreibt oder ob im Rahmen der Technik verschiedene Weisen der Koordination möglich sind. Dazu sei vorwegnehmend gesagt, daß
wahrscheinlich schon eine Organisationsform die beste sein wird, aber wir
suchen sie noch. Zur Zeit liefern sich noch verschiedene Formen die nach-
haltigsten Kämpfe. Der tiefere Grund für diese Gegensätze scheint mir *das
komplementäre Verhältnis von Freiheit und Ordnung menschlicher Koordination* zu sein. Das bedeutet das Folgende: Zusammenarbeit bedarf ohne
Zweifel der Ordnung, sie besitzt ihren Organisationsplan, der den Einsatz
der einzelnen Glieder je in ihren Bereichen festlegt, damit das Ganze zu-
sammenpaßt, der die Zuständigkeit für die hierarchisch gestaffelten Ent-
scheidungsfunktionen festlegt, der das Ganze zu einer Einheit integriert.
Die Leistungskraft des Ganzen beruht auf einer Anordnung bis ins Detail.
Nun ist aber eine solche Einheit, sei es ein Wirtschaftsbetrieb oder ein Staat,
kein Zustand, sondern ein Prozeß, ein offenes System, ein Fließgleichgewicht, wie man in der Physik sagt, das unaufhörlich auf Außenstörungen in
der rechten Weise reagieren muß. Hier wäre die Ordnung allein die Fixierung und damit der Tod des Ganzen, hier bedarf es der spontanen und
schöpferischen Reaktion, die sich über die Ordnung hinwegsetzt. *Die Lebendigkeit ist der Feind der Ordnung,* das Leben stört die Gleichgewichte,
schon die Pflanze durchbricht das Erdreich. Im Umgang mit der Technik
kommt das konkret zur Erfahrung. Um bestimmte Probleme zu lösen,
wird systematisch ein ungeheurer Aufwand betrieben, Tausende von Menschen sind mit exakter Terminplanung auf eine Aufgabe eingespannt, aber
das wirklich Neue ist allein durch Systematik nicht zu erreichen, hier bedarf
es der Gedankensprünge, der Eigenwilligkeit der Mitarbeiter und auch
ihrer Fähigkeit, die Ordnung zu übergehen, da das Neue nicht vorherseh-

bar ist. Wir erstreben in der Tat Entgegengesetztes: die Ordnung, um das Erreichte zu sichern, und die Freiheit, die Störung der Ordnung, um das Neue zu finden. Und doch sind beide Prinzipien aufeinander angewiesen, Ordnung allein ist unfruchtbar und Freiheit allein bedeutet Chaos. Der Kampf um das Mehr an Ordnung und das Mehr an Freiheit beherrscht heute die Auseinandersetzung der technisch-wirtschaftlichen Systeme und darüber hinaus der Lebens- und Kulturformen in der großen Politik. Lösen läßt sich dieses Problem nur durch rechtes Verständnis, durch rechte Berücksichtigung der Komplementarität der beiden Haltungen.

Wir fragen nun: Wie kommen die Menschen überhaupt zur Zusammenarbeit? In den Gruppen gibt es verschiedenartige Positionen, hohe und niedrige, mühevolle und attraktive. Wie kann es hier zu einer Anordnung kommen? Wie läßt sich die Arbeitsteilung verwirklichen? Wir wollen zwei Formen unterscheiden, die *Zusammenarbeit nach dem Weisungsprinzip und die nach dem Tauschprinzip.* Die Weisung ist wohl die älteste Organisationsform der Zusammenarbeit, sie hat sich im Familien- und Stammesverband als Matriarchat oder Patriarchat entwickelt. Noch nach dem alten römischen Familienrecht hatte der *pater familias* die unbeschränkte Gewalt über alle Angehörigen der Familie, zu denen auch die Sklaven zählten. In Indien hat sich das *joint-family-system* bis heute erhalten. Drei Generationen leben als Großfamilie in völliger wirtschaftlicher Einheit zusammen, wobei die Großmutter das Regiment führt.

Aus der Familien- und Stammesbindung heraus haben sich in der Geschichte große Einheiten entwickelt, deren Zusammenhalt auf traditionsgeleiteter Weisung beruhte und die es zu hohen technischen Leistungen gebracht haben. Ein eindrucksvolles Zeugnis sind die ägyptischen Pyramiden, die Totendenkmäler der Pharaonen, magische Symbole der kollektivistischen Auseinandersetzung mit der Vergänglichkeit. Im Gottes-Frondienst haben sich hier für 20 Jahre 100000 Arbeiter zusammengefunden. Allein die Steinplatte bei der Cheopspyramide, die die Grabkammer des Pharao bedeckt, wiegt 50 Tonnen. Der Bau ist mit exakter Präzision durchgeführt, die Seitenlängen an der Basis der Pyramide differieren nur um 20 cm. In China und Indien zeugen Tempel, Festungen und Paläste und vor allem weiträumige Bewässerungsanlagen von hochorganisierter Zusammenarbeit. Karl A. Wittfogel beschreibt, wie sich die großen orientalischen zentralen Verfassungen gerade mit der Aufgabe der technischen Wasserregulierung in den regentrockenen Gebieten herausgebildet haben (K. A. Wittfogel, Die orientalische Despotie). Im Laufe der Geschichte sind die zentralisierten Systeme vielfach in Despotien umgeschlagen, an die Stelle der mehr oder weniger freiwilligen Unterordnung ist der schlichte Zwang getreten. Am Ende dieser Entwicklung stehen heute die Zentralverwaltungswirtschaften, bei denen die Zusammenarbeit und darüber hinaus weitgehend die Lebensform durch ein System von Weisungen organisiert ist, die teils freiwillig, teils unfreiwillig befolgt werden.

Wie das Weisungsprinzip ist *auch das Tauschprinzip prähistorischen Ursprungs*. Der Arbeitende tauscht das Produkt seiner Arbeit gegen ein fremdes Produkt, das besser eine Lücke in seinem Bedarf ausfüllt, ein. Damit erhält er einen Lohn für seine Arbeit. Der Lohn ist um so höher, je stärker sein Produkt von einem anderen verlangt wird. Der klassische Treffpunkt für den Tausch ist der Markt, wo sich die Nachfragenden durch den Vergleich der Anbieter und die Anbieter durch den Vergleich der Nachfragenden den jeweils besten Tauschpartner aussuchen können. Den Tauschverkehr hat es bereits im Altpaläolithikum gegeben, wie sich aus Faustkeilfunden schließen läßt. Müller-Karpe spricht von einer „altpaläolithischen Ökumene" (H. Müller-Karpe, Geschichte der Steinzeit, S. 22). Zur vollen Entfaltung kommt das Tauschprinzip an der Kreuzung von Verkehrswegen während des Jungpaläolithikums, und zu dieser Zeit hat es offenbar schon weite Handelswege gegeben.

Mit der Bildung von Märkten hat der Warentausch eine sehr entwicklungsfähige Form angenommen. Ein besonderes Zwischentauschmittel wird entwickelt, das gut teilbar und unverderblich sein soll und den Wechsel des Tauschpartners für den Rücktausch möglich macht. Das ist das Geld, es ist seit alters im Gebrauch in Form von Schmuckstücken, Muscheln, Steinen, Münzen, Schuldverschreibungen und ähnlichem. Der Tauschwert, der Preis regelt sich im Verhältnis von Angebot und Nachfrage. Hohe Preise sind ein Zeichen großer Nachfrage, sie zeigen an, daß ein Produkt knapp ist, und sie ermuntern gleichzeitig zur Herstellung dieses Produkts, da es guten Gewinn verspricht. *Der Preis als Maßstab der Nachfrage regelt daher die Güterproduktion.*

*Die vom freiwilligen Tausch regulierte Marktwirtschaft ist die Form der Arbeitsteilung unter Selbständigen.* In der Praxis läßt sie sich aber nur unvollständig verwirklichen. So kann man z. B. den Arbeitsmarkt nicht rein marktwirtschaftlich organisieren, weil die Arbeitslosigkeit ein soziales Problem darstellt, was nicht in Kauf genommen werden kann. Auch wehren sich die Produzenten gegen den Wettbewerb, da er eine scharfe Kontrolle darstellt. Sie suchen ihn zu umgehen durch Preisabsprachen, Kartelle und Monopole. Hier bedarf es der Staatsaufsicht zur Aufrechterhaltung des Wettbewerbs. Es gibt schließlich Aufgaben, die aufgrund ihrer Größe und ihres allgemeinen Interesses eine Vielzahl individueller Anbieter und Abnehmer ausschließen. Hier muß der Staat, der die Aufgabe der Daseinsvorsorge hat, mit seiner zentralen Verwaltung einspringen. Zu solch öffentlichen Unternehmungen gehören in der Bundesrepublik z. B. die Eisenbahn,

die Post, die allgemeine Bildung, die Rüstung, die Weltraumtechnik und
große Projekte der Infrastruktur. Was von diesen Aufgaben notwendig
öffentliche Angelegenheit ist und was dem privaten Wettbewerb überlassen
werden kann, beantworten die einzelnen Staaten allerdings verschieden. In
Amerika sind z. B. die Eisenbahnen und die Universitäten in privatem Besitz und konkurrieren auch miteinander. Bei der zweckmäßigen Zuord-
nung öffentlich–privat spielen Ermessensfragen über Details eine Rolle.
Muß z. B. die Müllabfuhr oder der Nahverkehr der Omnibusse eine öffentliche Angelegenheit sein? Auch für die großen modernen Projekte, etwa der
Energieversorgung oder der Nachrichtentechnik, die mit der Entwicklung
der Technik an Bedeutung gewinnen, gilt, daß sie sich mehr oder weniger
nach dem Wettbewerbsprinzip behandeln lassen. Selbst wenn nur ein einziger Auftragnehmer vorhanden ist, läßt sich das Großprojekt doch in Un-
teraufträge zerlegen, für die sich privatwirtschaftliche Angebote einholen
lassen. Zusammenfassend läßt sich feststellen: *Die Marktwirtschaft bedarf
des Staates zur Festlegung der Rahmenbedingungen, dessen, was erlaubt
und was verboten ist.* Sie betreffen den Schutz von Mensch und Natur. Die
Meinung, der Markt könne alles allein regeln, ist heute ein überholter
Standpunkt.

Aber die Organisation der Zentralverwaltungswirtschaft stößt erst recht
auf Schwierigkeiten. An die Stelle der Preisbildung tritt ein zentraler
Produktionsplan. Bei der Wettbewerbswirtschaft regeln die Preise den
Produktionsablauf. Mit ihnen bringt der Konsument zum Ausdruck, was
er wünscht, und hohe Preise kennzeichnen Mangellagen. Bei der Zentralverwaltungswirtschaft wird die Produktion zentral gesteuert. Die Betriebe
erhalten ihre Produktionszuteilungen, die Preise werden festgesetzt, und
*die Einhaltung des Plans ist die eigentlich technisch-wirtschaftliche Auf-
gabe.* Geplant wird in der Wettbewerbswirtschaft ebenfalls, es ist die eigentliche unternehmerische Aufgabe, aber die Planungsbereiche sind kleiner und
individueller zugeschnitten, sind ständig korrigierbar und vor allem: *der
Planende spürt selbst unmittelbar die Ergebnisse seiner Planung und ist für
sie mit seinem Unternehmen verantwortlich.* Das Planungsrisiko zu tragen
ist seine eigentliche Aufgabe. Um den Innovationen besser gerecht zu werden, hat man die „strategische Planung" entwickelt, die vermutbare Veränderungen überprüft und Anpassungsschritte untersucht. Man will damit
den Übergang auf fundamentale Produktionsänderungen, wie z. B. beim
Übergang auf die Quarzuhren, erleichtern.

Demgegenüber sind die großen Ein- und Fünfjahrespläne der Zentral-
verwaltungen unbeholfen. Sie können kaum funktionieren, weil sie sich
nur schwer dem Lauf der Zeit anpassen, weder unerwartete Schwierigkeiten noch revolutionäre Fortschritte sind hier unterzubringen. Sie können

nicht strategisch vorgehen, weil sie sich nicht kontinuierlich anpassen. Grundlegend ist auch die Frage nach der Verantwortung verändert. Wenn die Planvorgaben nicht eingehalten werden, ist nicht derjenige verantwortlich, der sie gesetzt hat, und es ist nicht leicht, denjenigen überhaupt zu finden, der für solche Abweichung im Stofffluß die Verantwortung trägt, weil vielfach die Summe von Kleinigkeiten den Ausschlag gibt. Eine zentrale Planung kann nur global vorgehen. Man will etwa mehr Autos haben. Aber Daimler-Benz hat nicht weniger als 23 000 Lieferanten (Binder, Die Wirtschaft – die materielle Grundlage unserer Zeit, S. 53). Der Automobilplan kann sie nicht alle erfassen, da es zu viele sind und da sie zum Teil ganz anderen Wirtschaftssektoren angehören als die Automobilindustrie. Aber wenn die Details im Plan auch nicht mehr erfaßbar sind, so ist doch unter Umständen das ganze Auto unbrauchbar, wenn ein Detail fehlt. Das hat zur Folge, daß der Plan nur mit Hilfe von Abweichungen funktionieren kann, die bei einem strengen Plansystem nur über den Schwarzhandel möglich sind.

*Trotz dieser Schwierigkeiten hat die Idee der Planung etwas Faszinierendes.* Die Meinung ist verbreitet, daß die Probleme, die wir heute mit der Bevölkerungsdichte, mit der Umwelt, der Energieversorgung und mit anderem haben, überhaupt nur durch zentrale Planwirtschaft zu lösen sind. Solche Pläne werden auch entworfen, und der Entwurf verursacht schöpferische Befriedigung, weil man im Entwurf alles an seinen rechten Ort gebracht hat. Aber diese Pläne enthalten einen Überhang an Theorie. Es gelingt dem besten Plan nicht, die Mengensalden aller Vor- und Nachprodukte richtig zu erfassen, allein schon deswegen nicht, weil er den Fluß der Zeit nicht berücksichtigt. Und kleine Änderungen bei Schwellenwerten können dem Gesamtgeschehen schon eine andere Richtung geben. Die zentrale Planvorgabe ist *eine umfangreiche Arbeit, aber sie ist falsch, wenn sie fertig ist, weil sich inzwischen die Voraussetzungen geändert haben.*

Die Gegenüberstellung von nur zwei Systemen, von Wettbewerbswirtschaft und Zentralverwaltungswirtschaft, stellt eine grobe Vereinfachung dar. In Wirklichkeit gibt es zahlreiche Kombinationen und Mischformen. Um den richtigen Weg zu finden, sind jeweils genaue, sachliche Detailuntersuchungen erforderlich. Demgegenüber werden diese Fragen heute weitgehend als ein Politikum ideologisch und emotional behandelt. Natürlich kann sich jeder seine Meinung bilden, aber die Auffassungen müssen rational diskutiert werden. *Die Ökologie verlangt, die Zusammenhänge zu sehen.*

Wir stoßen hier auf das komplementäre Verhältnis von Freiheit und Ordnung (S. 39), und um ihm am besten Rechnung zu tragen, sei die These vertreten: *So frei wie möglich und so geordnet wie nötig.* Das bedeutet auch sowenig Arbeitsteilung wie möglich und soviel wie nötig. Nachdem die Arbeitsteilung große Vorteile mit dem Fließbandsystem bei der Autoproduktion von Ford gebracht hatte, hat man in ihr etwas Gutes an sich gesehen. F. W. Taylor hat eine wissenschaftliche Betriebsführung begründet und dabei den Standpunkt einer klaren Trennung von planenden, also entscheidungsbeanspruchenden und von ausführenden Arbeiten vertreten. Demgemäß hat man Fließbandsysteme bei den verschiedensten Fertigungen und Verpackungen eingerichtet, bei denen die Einzelarbeit oft nur noch in einem Handgriff besteht. Man kommt heute aber von dieser weitgetriebenen Spezialisierung wieder ab. *Spezialisierung hat offenbar nur dann Sinn, wenn sie auf Fachfähigkeiten zurückgreift, die durch Veranlagung und mehr oder weniger ausführliche Ausbildung geschaffen sind.* Sofern es sich aber nur um Handgriffe handelt, die in Kurzkursen eingeübt werden können und im Rahmen der noch natürlichen Vielseitigkeit des Menschen liegen, hat die Erziehung zur Einseitigkeit wenig Sinn.

W. Pfeiffer vom Lehrstuhl für Industriebetriebslehre in Nürnberg hat im Produktionsbereich der Grundig AG Vergleichsversuche ausführen können, bei denen in der Fertigung das traditionelle Fließbandsystem aufgehoben wurde und die einzelnen Arbeiterinnen größere Teilbereiche zur selbständigen Fertigung erhielten (W. Pfeiffer und G. Metze in: Fortschrittliche Betriebsführung und Industrial Engineering, 1977, S. 371 ff.). Das umfangreiche Erfahrungsmaterial zeigt die Vorteile der Abkehr vom Fließband. Die Gesamtleistung wird erhöht, der Personalbedarf und die Meisteraufsicht werden reduziert, vor allem aber ist die einzelne Arbeiterin wieder in vollem Umfang gefordert. Der wissenschaftliche Taylorismus hat den Menschen rein mechanisch als Ausführungswerkzeug verstanden. *Die rein mechanischen Tätigkeiten sollten wir aber und werden wir auch immer mehr den Maschinen überlassen, der Mensch an der Schaltstelle im Maschinensystem hat nur dort Sinn, wo Dispositionen zu treffen sind, die die Maschine nicht treffen kann.* Der Taylorismus beruht auf einer vom mechanischen Weltbild gestützten Verkennung der menschlichen Natur. Die Versuche der Autoren zeigen, daß die Humanisierung des Arbeitsplatzes und die Effektivität der Fertigung keine Gegenstände sind, und es ist ja schließlich auch zu erwarten, daß der Mensch am meisten leistet, wenn er gemäß seinen natürlichen Anlagen eingesetzt wird. Es geht darum, die menschliche Person und ihre Entscheidungsfähigkeit ihren Fähigkeiten entsprechend zu verwenden.

Die Rationalität und Berechenbarkeit des technischen Systems verführt zu der Hoffnung, auch die technische Entwicklung in ihrer historischen Abfolge kalkulierbar in den Griff zu bekommen. Das gelingt jedoch nicht, die Gesetze sind zwar konstant, aber die Voraussetzungen sind ständigem zeitlichen Wandel unterworfen. Dieser Wandel verdient höchste Aufmerksamkeit, da die ganze Kunst der Betriebsführung darin besteht, sich diesem Wandel anzupassen. Wir haben in der Bundesrepublik drei Millionen wirtschaftlicher Betriebe, deren leitendes Personal morgens die Zeitung liest und danach die wirtschaftlichen Entscheidungen trifft. *Das ist ein Beobachtungs- und Anpassungsprozeß, der nicht ersetzbar ist durch ein noch so großes Planungsbüro mit Computern.*

An sich ist der Wettbewerb ein sehr gerechtes Prinzip, der Beste hat den Erfolg. Wer ist der Beste? Hier spielt der Rationalitätsmaßstab die entscheidende Rolle: der Beste ist, wer mit dem kleinsten Aufwand das größte Ergebnis hat (S. 39). Dabei sind natürlich die Rahmenbestimmungen und die Summe aller Aufwendungen zu berücksichtigen. Hier spielt der Zeitfaktor eine wichtige Rolle. Wenn eine Produktion Umweltschäden verursacht, für die man aufkommen muß, so sind das Aufwendungen, die dem betreffenden Produkt anzulasten sind. Die moderne Technik bringt es mit sich, daß wir viel mit langfristigen Folgen zu tun haben, und das macht die produktgerechte Abrechnung schwieriger.

Man macht der Marktwirtschaft vielfach den Vorwurf, sie habe nur den kurzfristigen Gewinn, nur die Jahresbilanz im Auge. Das wäre schlecht, denn natürlich kommt es auf *das langfristige Denken an, den schnellen Genuß einer langfristigen Leistung vorzuziehen, ist wirtschaftlich unklug und moralisch nicht einwandfrei.* Und moderne Entwicklungen der Technik können aufgrund ihrer Größe und ihrer Dauer in sehr viel höherem Maße die Forderung langfristiger Vorsorge stellen. Das Bedenken der langfristigen Folgen ist daher eine sehr aktuelle Aufgabe geworden, die aber insgesamt noch zu wenig erfüllt wird. Aber die Frage war: denkt die Wettbewerbswirtschaft wirklich besonders kurzfristig? Man muß das, glaube ich, verneinen. Am kurzfristigsten denkt der Konsument, ihm geht es in der breiten Masse um das Heute und das unmittelbare Morgen. Die Verwaltungsleute haben einen Zeitraum von vier Jahren vor Augen, aber eine Firma, die investiert, muß mindestens mit 15 bis 20 Jahren rechnen, denn die Investition muß zuerst einmal stehen und muß sich dann bezahlt machen. Man geht meistens davon aus, daß Verwaltungen das langfristige Allgemeinwohl stärker im Auge haben, aber das ist keineswegs so sicher, oft geht es ihnen um die Wiederwahl oder um die Befestigung der eigenen Macht. So hat z. B. die russische Zentralverwaltung die Schwerindustrie und den Rüstungssektor so sehr bevorzugt, daß das Land, das eine Kornkammer der Welt war, seinen eigenen Getreidebedarf nicht mehr decken kann und daß es der Sowjetindustrie nicht gelungen ist, ihre Produkte auf dem Exportmarkt unterzubringen, ein Weg, den Japan mit soviel Erfolg beschritten hat. Die Berücksichtigung der Langfristigkeit ist leicht gefordert und schwer getan. Es handelt sich *um eine Erweiterung des Bewußtseins, um die erhöhte Aktualisierung von Vergangenheit und Zukunft.* Den ersten und sehr nachhaltigen Schritt in dieser Richtung hat die neolithische Revolution geleistet (S. 2). Mit der Entwicklung der Technik tut sich heute eine neue, sehr viel größere Dimension der Zukunft auf als beim Ackerbau. Diese erhöhte Vergegenwärtigung der Zukunft muß nicht nur gedacht, sondern auch gelebt werden.

### 2.3 Kritik an der Technik

Wir haben bislang die Technik als Träger unserer Existenz dargestellt und haben auch die gesellschaftspolitischen Verschiedenheiten zwischen Ost und West letztlich auf Unterschiede des wirtschaftlichen Systems der technischen Zusammenarbeit zurückgeführt. Es gibt aber, von diesem allen abgesehen, noch eine grundsätzliche Kritik an der Technik, die von der negativen Beurteilung einzelner Projekte, wie z. B. der Kernkraftwerke bis zur Ablehnung der Technik überhaupt reicht. In diesem Zusammenhang hat der Begriff der Ökologie seinen modernen Klang bekommen.

Die Ökologie ist eine Bewegung, die quer durch die Parteien geht, und sie ist daher auch durch eine Parteimeinung nicht eindeutig charakterisierbar. Aber sie weist auch in sich viele Gegensätze auf, so daß es schwer ist, und wohl auch ungerecht und falsch, über sie ein einheitliches Urteil abzugeben. Um die Wurzeln, aus denen sich diese Technikkritik nährt, besser zu erfassen, wollen wir im folgenden drei Standpunkte beschreiben, die wir als den politischen, den ergebniskritischen und den romantischen bezeichnen. Wir werden uns bemühen, die Ansätze sauber zu trennen, sozusagen idealtypisch. Konkret trifft man natürlich immer auf Mischungen und Überlappungen, wobei aber doch einer der drei Gesichtspunkte durchaus dominant sein kann.[2]

*Die politische Kritik an der Technik ist eine Kritik an den durch die Technik bestimmten Gesellschaftsformen,* an den Systemzwängen, an der Hierarchie, an der mangelnden Gleichheit, die der Technik im Osten wie im Westen in gleicher Weise vorgeworfen werden. Die politische Tendenz zur Systemveränderung macht hier die Technik für unerwünschte, gesellschaftliche Verhältnisse verantwortlich. *Die Ergebniskritik an der Technik kriti-*

---

[2] Von der umfangreichen Literatur auf diesem Gebiet kann im folgenden nur ein kleiner signifikanter Teil behandelt werden. Weitere Literatur siehe im Anhang.

*siert die Schäden und Gefahren des technischen Fortschritts,* den Verbrauch der Rohstoffe und die Schädigung der Umwelt. Durch die Berichte des Club of Rome über die Grenzen des Wachstums in der Öffentlichkeit bewußt geworden, daß jeder Fortschritt auch einen Preis kostet und daß das expansive Wachstum der Neuzeit auf Grenzen gestoßen ist. *Die romantische Kritik* an der Technik ist alt, aber sie ist mit dem Fortschritt der Technik und gestützt auf die politische und technische Kritik virulent geworden. Sie *kritisiert die Versachlichung, die Verwissenschaftlichung,* die Rationalisierung, die Entpersönlichung, den Anonymismus des gesamten Lebens unter dem Druck der technischen Zivilisation. Hier kommt das Phänomen der Entfremdung zu seiner vollen Wirksamkeit.

Es zeigt sich, daß die Ursachen für die Kritik an der Technik sehr verschieden liegen, daß sie sich gegenseitig aber doch stützen, und daß die Bewegungen der Ökologen, der Grünen, der Alternativen und ähnlicher Art, eine zwar noch kleine, aber doch entschlossene und unübersehbare politische Kraft darstellen. Und über die Breite ihrer Motivbündel berühren sie weite Kreise der Bevölkerung und verfügen über eine große Schar von Sympathisanten. Auch enthält die Art, wie wir heute Technik betreiben, ohne Zweifel ernste Probleme. Wir wollen uns daher mit den kritischen Argumenten im einzelnen auseinandersetzen. Beginnen wir mit der politischen Kritik an der Technik. Otto Ullrich ist ein sorgfältiger und subtiler Vertreter dieser Richtung. Er schreibt: „Wenn nun eine Analyse ergibt, daß die uns heute bekannte wissenschaftliche Technik auch ‚von sich aus' in spezifischer Weise Herrschaftsprozesse erzeugt, stabilisiert und legitimiert und gleichzeitig auch eine blinde und das Gesamtsystem bedrohende Verlaufslogik erzeugt und begünstigt, und wenn andererseits eine Gesellschaft sich das Ziel gesetzt hat, Asymmetrien in den Lebenschancen der Gesellschaftsmitglieder tendenziell zu reduzieren, dann steht das Thema einer anderen Technik zur Diskussion" (Ullrich, Technik und Herrschaft, S. 11). Ullrich geht hier einen entscheidenden Schritt über Marx hinaus. Marx hatte alle Hoffnung auf die Entwicklung der Technik, der Produktivkräfte gesetzt und geglaubt, Ausbeutung und Entfremdung dadurch beheben zu können, daß das Eigentum an den Produktionsmitteln als Gemeineigentum in die Hand der Arbeiter übergehe. In seiner Kritik des Gothaer Programms schreibt er: „Nachdem mit der allseitigen Entwicklung der Individuen auch ihre Produktivkräfte gewachsen und alle Springquellen des genossenschaftlichen Reichtums voller fließen – erst dann kann der enge bürgerliche Rechtshorizont ganz überschritten werden und die Gesellschaft auf ihre Fahnen schreiben: Jeder nach seinen Fähigkeiten, jedem nach seinen Bedürfnissen" (Ausgewählte Schriften, II, S. 17). Lenin hat die Industrialisierung Rußlands mit Pathos wie mit Zähigkeit durchgeführt und lakonisch gesagt: „Kommunismus – das ist Sowjetmacht plus Elektrifizierung des ganzen Landes", und dieses Programm beherrscht die heutigen Regierungsformen.des realen Sozialismus.

Demgegenüber stellt Ullrich nun fest, daß die Übertragung des Eigentums nicht die Asymmetrie in den Lebenschancen reduziert, also nicht die gewünschte Gleichheit unter den Menschen herstellt, *sondern daß die Technik es ist, die die Herrschaft verlangt. Die Produktivkräfte haben ihre Unschuld verloren, heißt es.* In sorgfältigen historischen und soziologischen Analysen werden die engen Beziehungen zwischen Technik und Herrschaft aufgewiesen. Und hatte Marx noch gehofft, die Arbeitsteilung abschaffen zu können, so muß Ullrich anerkennen, daß die Technik Arbeitsteilung verlangt (Ullrich, Technik und Herrschaft, S. 439). Da Herrschaft Asymmetrie bedeutet und immer im Sinne der Ausbeutung verstanden wird, folgt konsequent der Wunsch nach einer „anderen Technik". Das marxistische Ideal der möglichst klassenlosen und egalitären Gesellschaft ist erhalten, aber der von Marx prognostizierte und vom realen Sozialismus eingeschlagene Weg über die Entwicklung der Technik wird aufgegeben. Es hätten sich auch im marxistischen Denken bürgerliche Fortschrittsmythen durchgehalten (Ullrich, Weltniveau, S. 9). Man kann Ullrichs Position als grünen Marxismus bezeichnen.

Aber wie soll nun die andere Technik aussehen? Ideale sind oft schwer zu präzisieren. Auch Marx hat ja zu seinem gesellschaftspolitischen Ideal der klassenlosen Gesellschaft wenig Konkretes gesagt (Ullrich, Technik und Herrschaft, S. 431). Ullrich stützt seine Kritik an der Technik im wesentlichen auf den Gegensatz von harter und sanfter Technik und zitiert in diesem Zusammenhang Robert Jungk und E. F. Schumacher. Jungk hat auf der Suche nach einer besseren Technik die ganze Welt bereist, an vielen Tagungen teilgenommen, so daß er sich selbst als "conference hopper" bezeichnet, er hat die Werkstätten der Bemühungen um ein naturnäheres Leben besucht und viele Gespräche mit engagierten Grünen und Ökologen geführt. In seinem Buch ›Der Jahrtausend-Mensch‹ bringt er eine große Übersicht über seine vielgestaltigen Erfahrungen. E. F. Schumacher ist mit seinem Buch ›Small is Beautiful. Die Rückkehr zu menschlichem Maß‹ berühmt geworden. Er hat in London die Intermediate Technology Development Group ins Leben gerufen mit der Aufgabe, solche technischen Verfahren zu entwickeln und zu vermitteln, die den Bedürfnissen armer Menschen in einer armen Umgebung angepaßt und für sie erschwinglich sind, Werkzeuge und Ausrüstungsgegenstände, bei deren Konstruktion vergleichsweise überschaubare Größe, Einfachheit, geringer Kapitalbedarf und Umweltfreundlichkeit den Vorrang haben. "Intermediate Technology" ist ins Deutsche als „Mittlere Technologie" übersetzt worden (siehe dazu: Mittlere Technologie – auch für Industrieländer? Bd. 18 der Schriftenreihe der Georg-Michael-Pfaff-Gedächtnisstiftung, Kaiserslautern, 1976). Schumacher war viele Jahre als Manager im britischen National Coal Board und später in der Entwicklungshilfe tätig.

Betrachtet man nun die Ideen von Jungk und Schumacher, die für einen großen Kreis von Ökologen charakteristisch sind, grundsätzlich, so zeigt sich, daß sie nicht den Weg zu einer neuen anderen Technik zeigen, sondern daß es sich bei ihnen um einen Rückgriff auf die Technik früherer Zeiten handelt. Jungk bringt eine gute Tabelle, in der harte und sanfte Technik einander gegenübergestellt sind (Jungk, Jahrtausend-Mensch, S. 77). Da zeichnet sich die sanfte Technik aus durch geringe Spezialisierung, Handwerk, Großfamilie, überwiegend dörfliche Verhältnisse, lokaler Tauschverkehr, allgemein verständliche Verfahrensweisen, selbstgenügsame kleine Einheiten und manche andere gute Eigenschaften. Als Leitmotiv wird genannt: Vorrang des Menschen vor den Maschinen, Vorrang des Bürgers vor den Regierungen, Vorrang der Praxis vor der Theorie. Das ist gewiß ein Grenzfall, der allgemein schwer durchführbar ist. Man hat ja auch eine Kompromißtechnik als „Mittlere Technologie" geschaffen. Aber charakteristisch für die ganze Richtung ist, daß das andere nichts Neues, sondern Altbekanntes ist.

Hier führt eine ausführliche Arbeit über eine Kritik der klassischen Technik und über neue Wege einer ökologischen Technik von Johano Strasser und Klaus Traube unter dem Titel ›Die Zukunft des Fortschritts‹ weiter. Die Autoren kritisieren in aller Schärfe die gängige Richtung des technischen Fortschritts, die durch das expansive Wachstum der Produktivität gekennzeichnet sei, die im Osten wie im Westen in gleicher Weise betrieben werde und die sie als Industrialismus bezeichnen. Aufgrund seines Industrialismus wird der Sowjetkommunismus ebenso scharf, wenn nicht schärfer als der westliche Kapitalismus verurteilt. Die zahlreichen Vorschläge neuer Wege sind unter dem Leitbegriff Ökosozialismus zusammengefaßt. Sie betreffen die großen Probleme: Nahverkehr – Auto, Fahrrad, Elektrische, U-Bahn – Siedlungsplanung, Energiewirtschaft, Rüstungsindustrie, Infrastruktur, Probleme, die die Planungsrichtung, die Globalsteuerung und die Rahmenbedingungen des Staates in besonderem Maße herausfordern. Die Überlegungen gehen in das Detail und enthalten zahlreiche im Blick auf die Ökologie beachtenswerte Gedanken. Besondere Berücksichtigung findet die menschliche Seite im Wirtschaftsleben. So wird kritisiert, daß unser Gesundheitssystem die psychische und die soziale Seite der Krankheit zu sehr außer acht lasse (a. a. O., S. 303). Gegenüber Professionalismus und übertriebener Verwissenschaftlichung wird die Bedeutung der nebenberuflichen Eigenarbeit in Haus, Garten und Küche hervorgehoben, sie sei in vielen Bereichen heute produktiver als die Berufsarbeit und behebe die Entfremdung von Produktion und Konsum (a. a. O., S. 378).

Darüber hinaus wird die Idee der sanften Technik vertreten, und zwar bewußt auf Kosten der Produktivität. Bei einem Gegensatz von Wirtschaftswachstum und Qualität der Arbeit sei dieser der Vorzug zu geben (a. a. O., S. 372 ff.). Die Automatisierung, insbesondere die Mikroprozessoren seien abzulehnen. Es wird auch ein Konzept für sanfte Verteidigung entwickelt. Einseitige Abrüstung (von der westlichen Seite!) sei notwendig und beispielhaft hinzunehmen. Schwerpunkte der Verteidigung liegen nach diesem Konzept bei passivem Widerstand und bei politischen Gesprächen auf allen Ebenen. Die Schrift gibt nützliche Hinweise zur Regulierung des Wachstums und zur Beachtung ökologischer Gesichtspunkte, aber sie ist in ihrer Grundtendenz gegen Technik, Großforschung und Industrialisierung gerichtet, die als das Sonderinteresse von kleinen, aber mächtigen Eliten bezeichnet werden. Hier macht sich leider die Darstellung von der Erblast des Klassenkampfes nicht frei. „Wir sind der Meinung", schreiben die Verfasser, „daß wirklicher Fortschritt ohne radikale Umverteilung von Besitz, Wissen und Macht nicht möglich ist und daß diese Umverteilung nur erreichbar sein wird, wenn die Expansionsdynamik der Industriegesellschaft gestoppt wird" (a. a. O., S. 272). Für die Wege aus der Krise wird die Hoffnung auf einen Kurswechsel der Gewerkschaften und die Sozialdemokratie gesetzt von der Industrialisierung weg zu einer, wie es heißt, bedürfnisnahen, arbeitnehmerorientierten Technologiepolitik (a. a. O., S. 388 ff.). Das Buch ist sachgerecht geschrieben, es enthält bemerkenswerte Formulierungen auch für denjenigen, der die radikale linke Parteinahme nicht mitvollzieht. Wir haben es im Rahmen der politischen Kritik an der Technik referiert, weil hier die Ökologie als Begründung für einen über Marx hinausgehenden Sozialismus, für einen Ökosozialismus verwendet wird.

Die Grundfrage lautet: *Brauchen wir eine andere Technik, eine Technik, die nicht nach dem Grundmaßstab von Aufwand zu Erfolg ausgerichtet ist?* Welches sind gemäß der klassischen Planung die geeigneten Prinzipien für die Dimensionierung. Was spricht für eine Vergrößerung, und was spricht dagegen? Dafür spricht in der Regel die Minimierung von Verlusten, die geringeren Anlage- und Betriebskosten pro produzierte Einheit und die leichtere Verarbeitung von Abfällen. Ein großes Kraftwerk läßt sich leichter umweltfreundlich fahren als viele kleine. Dagegen sprechen die höheren intellektuellen und moralischen Anforderungen an das Personal, das Risiko von Großbetriebsstörungen, die Fragen der Reservehaltung und häufig die Infrastruktur der Transportprobleme. Das Für und Wider gegeneinander abzuwägen ist die Kernaufgabe der technischen Planung. Die

Verhältnisse sind von Fall zu Fall verschieden. Die Grundkosten von Anlage, Arbeit und Material und ihr Verhältnis zueinander spielen eine maßgebende Rolle. Bei hohen Arbeitskosten wird man mehr automatisieren als bei niedrigen. Planungen für Entwicklungsländer müssen andersartige Pflege- und Reparaturmöglichkeiten, andere Arbeitsgepflogenheiten berücksichtigen, sie müssen sozial angepaßt sein. Natürlich ist ein Betriebsleiter daran interessiert, daß die Arbeiter nicht unnötig belastet werden, daß übertriebene Fließbandarbeit beseitigt wird (S. 44). *Es ist die erste Aufgabe jeder Betriebsführung, dafür zu sorgen, daß der einzelne von seiner Arbeit sinnvoll gefordert ist.* Das Effizienzprinzip verlangt, den Menschen in der Industrie nur dort einzusetzen, wo er auch als Mensch, als Entscheidungsträger etwas leisten kann. Das ist das grundsätzliche Ziel, das allerdings noch nicht überall erreicht ist. Insbesondere auf dem Gebiet der Entwicklungshilfe ist hier viel Lehrgeld zu zahlen, und es ist vielfach zu groß gebaut worden. Auch die Entwicklungsländer selber waren häufig an großen, repräsentativen Projekten, an Talsperren und Energiezentren mehr interessiert als an einer Förderung verbrauchsnaher Bedürfnisse.

Obwohl der technische Fortschritt oft zu großen Anlagen führt, die sich trefflich bestaunen lassen, besteht doch in der Technik keine eindeutige Tendenz zur Vergrößerung, da mit der Größe die Betriebsschwierigkeit und das Risiko zunimmt. Die Risikoabschätzung gehört daher zu den Grundaufgaben der Planung und spielt schon bei der Auslegung von Betriebs- und Reserveeinheiten eine maßgebende Rolle. Als allgemeines Prinzip gilt: *So klein wie möglich und so groß wie nötig.* Und der Maßstab für die Entscheidungen ist wieder das Verhältnis von Aufwand zu Ertrag, wobei eben auch die langfristigen Aufwendungen und Erträge in die Kostenabwägung des Projekts einbezogen werden müssen. Die Abrechnung zum Bilanzstichtag ist nicht hinreichend, wenn die späteren Jahre Reklamationen und Nachforderungen aufgrund von Umweltschäden bringen. Von der Planungskalkulation erwartet man die Aussage, mit welcher Rendite und wann spätestens das investierte Geld wieder zurückgeflossen ist. Wer größer als nötig gebaut hat, hat gemäß den klassischen Regeln falsch geplant. Das kommt schon vor und ist auch zu kritisieren, aber es ist nicht der Technik an sich anzulasten, sondern dem Prestige- und Renommierbedürfnis der Erbauer.

Nun kann man ja in gewissem Umfang auf den Maßstab der Rentabilität verzichten, wenn man dafür technische Arbeitsweisen eintauscht, die angenehmer sind oder sein sollen. Wie sieht solch alternativer Lebensstil im einzelnen aus. Ortwin Renn bringt den Vergleich, er rechnet das Szenario „sanfte Technik" gesamtwirtschaftlich durch, und zwar auf der Basis einer mittleren Technologie, also unter Vermeidung radikaler Annahmen

(O. Renn, Die sanfte Revolution. Zukunft ohne Zwang?). Er geht von belegten Zahlen aus und macht für den sanften Stil günstige Voraussetzungen, nimmt allerdings an, daß die Bevölkerungszahl und die Gesundheit erhalten bleiben soll. Nun sind Großanlagen in der Regel effizienter als viele kleine Betriebe, nur aus diesem Grund baut man sie ja. Wer die sanfte Technik will, muß das in Kauf nehmen, muß sich zugunsten der gewünschten Lebensweise mit geringerer Rentabilität zufriedengeben. Das ist ja die entscheidende Abwägung der Güter.

Nun läßt sich aller Profit in eingesparte Arbeitszeit umrechnen, geringere Rentabilität bedeutet: länger arbeiten müssen. Renn rechnet den Stundenplan im Alltag einer vierköpfigen Familie im sanften Szenario durch, von morgens 5 Uhr bis abends 22.15 Uhr. Neben Fabrik-, Haus- und Gartenarbeit bleibt wenig Freiheitsspielraum übrig. Ein solches Leben erinnere *an klösterliche Gemeinschaften, es könne Menschen befriedigen, wenn auch auf sehr vieles, Geistiges wie Materielles, verzichtet werden müsse. Aber es befriedige doch nicht alle Menschen in der gleichen Weise und werde daher von der Mehrzahl der Menschen abgelehnt.* Der Wert der kleinen Schrift beruht auf ihrer Sachlichkeit und auf dem wirtschaftlichen Zahlenmaterial. Jedenfalls zeigt es sich: Die politische Kritik an der Technik führt, je mehr man sie konkret betreibt, nicht zu einer allgemeinen Systemveränderung, sondern zu Gesellschaftsformen unserer Vorväter, wobei dann neben den Vorteilen auch die Zwänge und Einschränkungen, die mit diesem Stil verbunden sind, hingenommen werden müssen.

Wir wollen zwei weitere Vertreter der politischen Kritik an der Technik behandeln, die beide aus der DDR stammen, Rudolf Bahro und Robert Havemann. Der Titel von Bahros einschlägigem Buch lautet: ›Die Alternative, Zur Kritik des real existierenden Sozialismus‹. Bahro gehört zu den Regimekritikern der DDR und wurde 1979 in die Bundesrepublik abgeschoben. Er kritisiert wie Ullrich den realen Sozialismus, aber er kennt ihn aus eigener Erfahrung, und hier wie auch bei Havemann kommt die schärfste Kritik am Kommunismus aus dem Munde eines Kommunisten. Bahro stützt sich auf die Ideen des jungen Marx. Er schreibt: „Denken wir nun an den real existierenden Sozialismus mit seiner weit über das Spektrum der finanziellen Einkünfte hinausreichenden Kultivierung der sozialen Ungleichheiten; mit der Fortdauer von Lohnarbeit, Warenproduktion und Geld; mit seiner Rationalisierung der alten Arbeitsteilung; mit seiner quasikirchlichen Familien- und Sexualpolitik; mit seinen hauptamtlichen Funktionärskadern, seiner stehenden Armee und Polizei, die alle nur nach oben verantwortlich sind; mit seinen offiziellen Korporationen zur Einordnung und Bevormundung der Bevölkerung; mit seiner Verdoppelung der unförmigen Staatsmaschine in einen Staats- und Parteiapparat; mit seiner Isolierung in den Staatsgrenzen – so ist seine Unvereinbarkeit mit den Auffassungen von Marx und Engels evident" (Bahro, Die Alternative, S. 33).

Die „Anatomie des realen Sozialismus" wird ausführlich behandelt. „Die soziale Ungleichheit ist in der Teilung der Arbeit, in den Strukturen der Technologie und Kooperation selbst verankert", heißt es (a. a. O., S. 104). Zur Strategie einer kommunistischen Alternative wird die Aufhebung der Arbeitsteilung verlangt. Dazu bedarf es aber einer Kulturrevolution. Bahro distanziert sich von der materialistischen Einstellung, er stellt fest, daß wir zum ersten Mal in der Geschichte „überschüssiges Bewußtsein" haben, „nämlich energische, psychische Kapazität, die nicht mehr von den unmittelbaren Notwendigkeiten und Gefahren der menschlichen Existenz absorbiert wird und sich daher den ferneren zuwenden kann" (a. a. O., S. 212). Daraus folgt die Aufgabe, das Bildungswesen zu revolutionieren. „Es werde der Staat wahrscheinlich der gesamten Bevölkerung die Gelegenheit bieten müssen, Hochschulbildung zu erlangen, ganz gleich, ob diese zur Ausübung des Berufs benötigt wird oder nicht . . . Unter diesen Umständen könnte es sich freilich unmöglich um eine Hochschulbildung handeln, die beschränkte, dennoch um ihr kulturelles Anrecht betrogene Spezialisten bäckt, wie es gegenwärtig programmierter Standard ist, sondern nur den schöpferischen Erwerb einer umfassenden philosophischen, soziologischen, psychologischen, ökonomischen, künstlerischen und wissenschaftlich-technischen Bildung, die Zugang zu jeder Tätigkeit öffnet" (a. a. O., S. 234). „Für den Gesamteffekt hinsichtlich der qualitativen Veränderung der Produktionstechnik, -technologie und -organisation kann es nur von größtem Vorteil sein, wenn die Zersplitterung und soziale Spaltung des Gesamtarbeiters ein Ende findet . . . Stellen wir uns dagegen einen einheitlichen Produzententyp vor, der sich im Rahmen eines bestimmten spezialisierten Zweiges abwechselnd in einem zweckmäßig festgelegten zeitlichen Rhythmus Tätigkeiten auf allen gegebenen Funktionsniveaus der betrieblichen Gesamtarbeit zuwendet" (a. a. O., S. 231). Die Vorstellungen Bahros tragen idealistische Züge, aber leider sind sie in diesem Umfang nicht realisierbar. Die Idee von der Überwindung der Arbeitsteilung durch den Gesamtarbeiter stammt von Marx. Er spricht vom Menschen, „in dessen Kopf das akkumulierte Wissen der Gesellschaft existiert" (Marx, Grundrisse, S. 600), und sagt, daß die Maschine den Menschen freisetzt: „Die automatisierte Fabrik beseitigt den Spezialisten und den Fachidiotismus" (MEW, 4, S. 157). Aber wenn heute auch in der Tat mehr Freizeit für die Gesamtbildung zur Verfügung steht, so ist es doch infolge der Spezialisierung der Wissenschaften noch unmöglicher geworden, durch Gesamtbildung eine Fachkompetenz in verschiedenen Berufen zu bekommen.

Lenin – realistischer als Marx – hat gewußt, daß ohne Arbeitsteilung kein Staatswesen organisierbar ist, und daher verzichtet heute auch auf der Welt kein kommunistischer Staat auf die Teilung der Arbeit. Daß dieses nicht im Sinne von Marx ist, betont Bahro zu Recht. Aber Marx hat sich Unmögliches vorgestellt. Und durch ein Fachstudium in allen Fächern kann man nicht mit der Arbeitsteilung fertig werden. Dazu bedarf es eines anderen Ansatzes, auf den wir noch ausführlich zurückkommen werden.

Robert Havemann weist manche Ähnlichkeit mit Bahro auf. Er ist 1932 in die kommunistische Partei eingetreten und 1946 in die DDR gegangen. Er war Professor für physikalische Chemie an der Humboldt-Universität und hat zunächst in der SED eine Rolle gespielt. 1963 geriet er aber über den Begriff der Freiheit in Konflikt mit den dortigen Verhältnissen, er wurde 1964 seiner Partei-, Lehr- und Staatsämter enthoben und ist 1982 isoliert und einsam in seiner Berliner Wohnung gestorben. Sein Buch ›Morgen. Die Industriegesellschaft am Scheideweg. Kritik und reale Utopie‹ ist im Grunde eine Darstellung, wie die Menschen sein sollen. Der Kapitalismus kann die weltweite Krise nicht meistern, weil er auf Wachstum angewiesen ist. Der reale Sozialismus kann es auch nicht, denn „nirgends wird Wachstum mit mehr Ergebenheit angebetet als in den Stätten des realen Sozialismus" (Havemann, Morgen, S. 52). „Gegenüber der herannahenden, weltweiten ökonomischen und ökologischen Krise wird der reale Sozialismus womöglich noch blinder sein als sein angebetetes ökonomisches Vorbild" (a. a. O., S. 58). Aber wir dürfen die Hoffnung nicht aufgeben, „die große Utopie unseres Jahrhunderts heißt Sozialismus–Kommunismus" (a. a. O., S. 73).

Und nun wird dichterisch-romanhaft im Stil der utopischen Literatur „die Reise in das Land unserer Hoffnungen" geschildert. Jeder hat alles, was er braucht, das Sein ist an die Stelle des Habens getreten. Das Überflüssige ist abgeschafft, so z. B. die Autos zum individuellen Herumkutschieren. Die Produktion ist vollkommen automatisiert, die Bürokratie ist aus der Industrie verschwunden, es gibt kein Geld mehr (a. a. O., S. 89). Es gibt keine Hauptstadt, keine Regierung, keine Polizei, keine Form der Verwaltung von Menschen, nur noch die Verwaltung von Sachen, die aber vollkommen automatisiert ist. Den Menschen geht es um die freie, ungehemmte Entfaltung ihres Naturwesens in der Liebe, um die Beseitigung der Angst, die aus der sozialen und materiellen Abhängigkeit der Frau vom Mann hervorgeht (a. a. O., S. 90, 91). Beklagt wird die Ablösung der matriarchalischen Gruppenehe der Vorzeit durch die Monogamie der Ausbeutergesellschaft mit ihren harten Tabus zur Sicherung der Vaterschaft (a. a. O., S. 97). Die erotischen Sitten werden frei gehandhabt, keine Diskriminierung von Inzest oder gleichgeschlechtlicher Liebe. Die Liebesbindungen sind allein durch das Gefühl bestimmt. Wenn ein Liebender oder eine Liebende großen Gefallen an einem anderen Menschen findet, kann unter Umständen auch eine Liebesgemeinschaft zu dritt daraus werden, aber Gruppensex gibt es nicht, da es keine Sexualität ohne Liebe gibt (a. a. O., S. 142). Die Eltern, die sich der Aufzucht von Kindern widmen, betreuen in der Regel eine Gruppe von sechs, die nur zum Teil ihre biologisch eigenen sind. Gegessen wird mit den Händen oder mit Stäbchen. Messer und Gabel erinnern zu sehr an Waffen. Es besteht keinerlei Zwang zur Arbeit. In den übersichtlich geordneten Vorratslagern gibt es kein Verkaufspersonal, es wird nichts verkauft, sondern jeder kann sich nehmen, was er braucht (a. a. O., S. 116). In hohem Rang steht die kulturelle Bildung, der Umgang mit Kunstwerken, Dichtungen und Weisheiten (a. a. O., S. 131). Havemann schließt diesen Abschnitt mit den Worten: „Die moralische Gesellschaft bedarf keiner moralischen Gesetze mehr. Das ist der tiefere Grund für das Absterben der Religionen. Christus sagte zu seinen Jüngern: ‚Mein Reich ist nicht von dieser Welt.‘ Käme der Nazarener in unseren Tagen wieder herab von Gottes Thron zu den Menschen in Utopia, so würde er leben und nicht den Tod am Kreuze erleiden müssen, um die Menschheit von ihren Sünden zu erlösen, weil sie sich selbst und auch nicht ganz ohne seine Hilfe von ihnen erlöst hat. Und er würde sagen: ‚Ja, dies ist mein Reich, es ist von dieser Welt‘" (a. a. O., S. 175). Havemann nimmt seine Utopie sehr ernst, er sagt, daß sie eine Gesellschaft beschreibt, deren Ordnung und Funktionieren nicht nur wünschenswert, sondern auch möglich ist.

Wir haben Havemann so ausführlich wiedergegeben, weil hier in einfühlender Weise genau die marxistischen Ideale und Wünsche dargestellt sind, wobei aber zwei Voraussetzungen die Darstellung beherrschen. Es wird eine vollkommen perfektionierte Technik vorausgesetzt, derart, daß der Apparat im wesentlichen allein läuft, so daß die organisatorischen Schwierigkeiten im Umgang mit der Technik verschwunden sind, und es wird eine Vervollkommnung des Menschen vorausgesetzt, so daß sich alle so verhalten, wie sie sich in diesem System verhalten sollen. Daß es auch Einwände gegen diese Gesellschaftsform geben könne, daß z. B. der Reichtum die Eifersucht nicht ausschließt, ist nicht unterstellt. – Es ist offenbar ein sehr hartes und enttäuschendes Schicksal, wenn man von den Ideen des jungen Marx beflügelt Kommunist wird und anschließend die Realisierung des Marxismus in der DDR miterlebt. Havemann ist in der DDR geblieben, aber seine Schrift mutet uns an wie der Traum eines Gefangenen.

Die Zeitkritik an Wissenschaft und Technik wählt harte Ausdrücke. Innerhalb eines Sammelbandes ›Wissenschaft auf Abwegen. Die Zukunft der wissenschaftlichen Vernunft‹ schreibt Manfred Siebker in dem Kapitel

›Auswege? Möglichkeiten neuer Wissenschaft‹, der Mensch der Vor-Ge-
schichte sei ein vieldimensionales, ganzheitliches, schöpfungsverantwort-
liches Wesen, das Sprache, kulturelle Sinngemeinschaft, mythische Welt-
einfühlung und Kunst schaffen kann, der heutige Standardmensch sei ein
bornierter, aber gerissener Bauch (Wissenschaft auf Abwegen, S. 195).
Eine radikale Änderung unserer Gesellschaft sei notwendig. Zwei sich aus-
schließende Wege böten sich an, der Technototalitarismus und eine konvi-
vial-ökologische Basis-Demokratie (a. a. O., S. 203). In einer panökono-
mischen Industriegesellschaft verlassen alle Werte und Worte das Prokru-
stusbett des „Marktes" nur als Huren (a. a. O., S. 206). Entwicklungshilfe
wird als das Töten von Kulturen bezeichnet (a. a. O., S. 210). Und zum
Abschluß heißt es: „Jenseits der Krise sehen wir aber . . . ihre große Alternative, die neue Synthese: neue Gesundheit . . . neue Ganzheit . . . neue
Unschuld. Außer der Möglichkeit totaler Instrumentalisierung der Welt
sehen wir die Möglichkeit kulturell vermittelter Einsicht in die Notwendigkeit des anderen, des anderen So-Seins, für die eigene und gemeinsame
Entfaltung" (a. a. O., S. 216).

Die politische Kritik an der Technik äußert sich sehr vielgestaltig, es
konnten nur wenige Beispiele zitiert werden. Aber gemeinsam ist allen
Auffassungen, daß der Technik die Konstituierung der Ungleichheit unter
den Menschen vorgeworfen wird. Da ist von der unerwünschten Asymmetrie der Lebensformen die Rede, von der Herrschaft, der Arbeitsteilung,
der Ausbeutung, der Unverstehbarkeit der Methoden, und immer wird
Ungleichheit auch als Unmenschlichkeit bezeichnet. Ist das richtig? Daß
Herrschaft mißbraucht wird, ist keine Frage, aber sie wird doch nicht immer mißbraucht. Soll man sie ganz abschaffen, weil sie zum Mißbrauch verführt? Das geht offenbar schlecht. Man schafft ja auch nicht die Rede ab,
obwohl sie vielfach mehr dazu dient, die Gedanken zu verbergen als sie
mitzuteilen.

Charakteristisch für die gesamte politische Ökologie ist ebenso das Be-
kenntnis zum Kommunismus wie gleichzeitig die schärfste Kritik an der
Verwirklichung des Kommunismus durch die zur Zeit kommunistisch re-
gierten Länder. Ein prägnanter Vertreter ist André Gorz mit seinem Buch
›Abschied vom Proletariat. Jenseits des Sozialismus‹. Gorz schreibt, daß
der Kapitalismus eine Arbeiterklasse hervorgebracht habe, deren unmittelbar bewußte Interessen mit einer sozialistischen Rationalität nicht überein-
stimmen. Die Arbeiterklasse ist trotz der kommunistischen Revolution im
alten Fahrwasser geblieben. „Der Schritt über den Kapitalismus hinaus,
seine Negation im Namen einer andersartigen Rationalität, kann daher nur
von solchen Schichten vollzogen werden, die die Auflösung aller Klassen,
einschließlich der Arbeiterklasse verkörpern oder ankündigen", heißt es

(a. a. O., S. 10). Hier sind also die Proletarier, auf die Marx sich beruft, als grundsätzlich untauglich bezeichnet. Demgegenüber spricht Gorz von einer Nicht-Klasse der Nicht-Arbeiter, von den durch den Prozeß der Arbeitsvernichtung Ausgestoßenen und Unterbeschäftigten, von dem nachindustriellen Neoproletariat der Status- und Klassenlosen, die sich weder als Arbeiter noch als Arbeitslose erkennen, zu denen aber – wie er schreibt – die Mehrzahl der Bevölkerung heute gehöre (a. a. O., S. 63, 64). Aber, so heißt es, „im Unterschied zu der traditionellen Arbeiterklasse ist diese Nicht-Klasse befreite Subjektivität" (a. a. O., S. 67). Gorz setzt auf diese Nicht-Klasse seine Hoffnung. Da aber die Existenzerhaltung Arbeit erfordert, schlägt Gorz ein duales System vor, bestehend aus einem zeitlich möglichst beschränkten Bereich heteronom gesteuerter Arbeit und aus einem Bereich subjektiv autonom gestalteter Freizeit. *Nur ein Gleichgewicht der Gegensätze Heteronomie–Autonomie sei heute realistisch und realisierbar* (a. a. O., S. 89). Der duale Gedanke ist fruchtbar, und seine Notwendigkeit und auch die Beziehung und das Verhältnis der Gegensätze sind gut ausgeführt. Im ganzen ergreift der Verfasser aber doch zu sehr Partei, die Arbeit ist allein unter dem Gesichtspunkt unerwünschten Zwanges gesehen, und die subjektive Freizeit trägt vornehmlich linke Züge. Der duale Gedanke ist umfassender als die hier gelieferte politische Zuspitzung. Wir werden im dritten Teil dieses Buches grundsätzlicher und neutraler auf das Verhältnis von Arbeit und Freizeit zurückkommen.

Man muß der politischen Kritik an der Technik die Frage stellen, ob die Beseitigung der Ungleichheit unter den Menschen überhaupt möglich und erwünscht ist. Wir müssen beide Fragen verneinen. Thomas von Aquin hat die Frage behandelt, ob die Menschen im Unschuldszustande gleich waren (Thomas von Aquin, Summe der Theologie, I, 96, 3 und 4). Der Stand der Unschuld ist die Zeit vor dem Sündenfall, und Thomas rechnet hier mit einer längeren, zahlreiche Generationen umfassenden Zeitepoche. Er stellt fest, daß die Menschen auch im Stande der Unschuld ungleich waren und nennt die Ungleichheit des Geschlechtes, des Alters, die Ungleichheit von Wissen und Gerechtigkeit sowie von Gesundheit und Schönheit. Es habe im Unschuldszustande auch die Herrschaft gegeben, denn es habe einer dann die Herrschaft über den anderen als Freien, wenn er ihn zu dessen eigenem Gut und Gemeingut hinlenke. Wenn ein Mensch gegenüber einem anderen ein Mehr an Wissen und Gerechtigkeit besessen hätte, sei es unangebracht, wenn das sich nicht zum Nutzen des anderen ausgewirkt hätte. Thomas stellt hier die treuhänderische Herrschaft der ausbeuterischen gegenüber.

Beseitigen läßt sich die Ungleichheit nicht, da die Menschen von Natur aus ungleich sind. Im allgemeinen vertiefen sich noch die Unterschiede mit dem Alter und der Erfahrung, da sich ein jeder nach seinem eigenen Programm entwickelt. Die Technik nutzt die Unterschiede, die in der Biologie verankert sind, in der Arbeitsteilung aus, aber sie schafft sie nicht. Sie zu beseitigen ist nicht möglich. Aber es ist auch nicht erwünscht. *Gleichheit ist ein irriges Ideal. Die menschliche Gesellschaft bildet sich in der Ergänzung ihrer Glieder.* Die Verschiedenheit des einzelnen, die Spezialisierung der Elemente schafft ebenso den Zusammenhalt wie die Leistungsfähigkeit des Ganzen. Wenn man Gleichheit fordert, verhindert man die je eigene Entwicklung des einzelnen zu einem fruchtbaren Mitglied der Gemeinschaft.

Aber wenn dem so ist, wie kann es dann zu einem Ideal der Gleichheit kommen? „Freiheit – Gleichheit – Brüderlichkeit" war der Schlachtruf der Französischen Revolution, es war der Aufstand gegen die unberechtigte und zufällige Ungleichheit, gegen die wirkliche Unterdrückung und Ausbeutung. Gegen Ungerechtigkeit zu kämpfen ist gerecht, aber dabei auch die begründete Ungleichheit einschließlich der Arbeitsteilung zu verwerfen, ist über das Ziel hinausgeschossen. *Ungleichheit ist eben nicht an sich schlecht, sondern nur, wenn sie mißbraucht wird.*

Nun haben sich im Laufe der Geschichte die zufälligen und unberechtigten Ungleichheiten unter den Menschen ohne Zweifel gemildert. Die Differenz zwischen dem Pharao und seinem Heloten war größer als heute zwischen einem Arbeiter in der Industrie und dem Bundeskanzler. Noch die Feudalzeit hat den Begriff der Menschenwürde kaum gekannt. Die Spanne zwischen den Einkommen schrumpft, die unteren Einkommen steigen heute schneller als die oberen, und die Einkommens- und Standesunterschiede sind in der Bundesrepublik geringer als in der Sowjetunion. Warum also gerade heute der lebhafte Protest gegen die Unerträglichkeit und Inhumanität unserer Arbeitsverhältnisse? Zwar ist auch in der Bundesrepublik noch genug in dieser Richtung zu tun (S. 107 ff.), aber in bezug auf andere Länder und andere Zeiten hängt doch in der Bundesrepublik die gesellschaftliche Position am wenigsten von Stand und Herkunft und am meisten von der persönlichen Tüchtigkeit ab. Warum spürt man so wenig von Zufriedenheit und Lob der Verhältnisse?

Dem liegt ein altes psychologisches Gesetz zugrunde: *die Ansprüche steigen schneller als die Befriedigungen.* Mit der Erfüllung der Wünsche kommt stärker zum Bewußtsein, was es gibt und was noch fehlt. Sich mit dem Erreichten zufriedenzugeben ist eine seltene Tugend. Schon das Märchen vom Fischer und seiner Frau erzählt davon. Die Lehre des Buddhismus fußt darauf, daß derjenige, der in das Begehren verstrickt ist, den Weg nicht herausfindet, und Buddha hat daher radikal den Verzicht auf alles verlangt, damit der Mensch von seinen Trieben frei sei. Die Konsumansprüche als Folge der Konsumerfüllungen stellen heute ein ernstes Problem dar, da durch die totale Nachrichtenübermittlung, von der Werbung gar nicht zu sprechen, die Ansprüche geweckt und gereizt werden. Wir werden uns damit abfinden müssen, daß die technischen Fortschritte, selbst wenn sie gut sind, seelische Unruhe erzeugen. Hier sind es die realen Möglichkeiten, die Besonnenheit erfordern.

Die politische Kritik an der Technik hat bekannte politische Forderungen mit der Kritik an der Technik verkoppelt, aber wenig brauchbare Hinweise auf eine Änderung der Technik an sich gebracht. Trotzdem ist diese Kritik sehr ernst zu nehmen. Sie hat das Gute, daß sie im Rahmen der Technik politische Mißstände aufdeckt, und sie kann darüber hinaus als politische Stoßkraft auftreten. Und es gibt die radikalen Vertreter mit der Forderung, zunächst reinen Tisch zu machen, da die Beseitigung des Alten automatisch zu Neuem führe. Aber bei der breiten Streuung der Vernunft unter den politischen Kritikern muß man mit allgemeinen Urteilen über sie sehr vorsichtig sein.

Betrachten wir nun den zweiten Ansatz zur Technikkritik, den ergebniskritischen. Ihm geht es nicht um das Wie der Technik, sondern um die Frage, was bei der technischen Arbeit herauskommt. Im Jahre 1962 brachte Rahel Carson mit ihrem Buch ›Silent Spring‹ der Öffentlichkeit zum Bewußtsein, daß Landwirtschaftstechnik nicht nur nutzen, sondern auch schaden kann. Kennedy hat daraufhin bei den Vereinten Nationen ein Jahr des Umweltschutzes veranlaßt. Bahnbrechend war aber die Arbeit von Jay W. Forrester, ›World Dynamics‹, in deutscher Übersetzung ›Der teuflische Regelkreis‹, 1971, in dem der Autor in einem umfassenden, mathematisch durchgeführten Weltmodell die Abhängigkeiten von Bevölkerungszahl, Rohstoffreserven, Kapitalinvestierung und Verschmutzung untersucht. Diese Arbeit ist die Grundlage der Publikationen des Klubs von Rom geworden, der ›Grenzen des Wachstums. Bericht des Club of Rome zur Lage der Menschheit‹ von Dennis Meadows und ›Menschheit am Wendepunkt. 2. Bericht an den Club of Rome zur Weltlage‹ von Mihailo Mesarović und Eduard Pestel. Die Einzelabhängigkeiten sind aus der Wirtschaftsstatistik dieses Jahrhunderts entnommen, ihre gegenseitige Beeinflussung ist errechnet. Man kann an diesem Modell feststellen, welchen Einfluß einzelne Maßnahmen, wie erhöhte Kapitalerzeugung, Senkung der Geburtsziffer, Eindämmung der Umweltverschmutzung usw. auf den Gesamtverlauf haben werden. Das Neue an der Arbeit ist die Erstellung des globalen Zusammenhanges. Die Arbeiten haben eine Fortsetzung gefunden in dem von Pestel herausgegebenen Buch ›Das Deutschlandmodell. Herausforderungen auf dem Weg ins 21. Jahrhundert‹, das aus einem von Pestel gegründeten Institut für angewandte Systemforschung und Prognosen (ISP) in Hannover stammt. Aufgrund umfangreicher Datenerhebung werden die Alternativen in unserem Land diskutiert. Ein Schwerpunkt ist dabei die Bekämpfung der Arbeitslosigkeit. Als allgemeinen Standard hatte Forrester den Begriff der Lebensqualität eingeführt, der in Abhängigkeit von den im System vorkommenden Größen Nahrungsmittelangebot, Lebensstandard, Ballungsgrad und Verschmutzungszustand definiert ist. Es ist ein physiologischer Begriff der Lebensqualität, der keine psychischen Komponenten wie Glück und Zufriedenheit enthält. Das Ergebnis dieser Untersuchungen ist nun, daß wir an den Grenzen des Wachstums angelangt sind, weil bei weiterer ungehemmter expansiver Industrialisierung die unerwünschten Folgen, der Anfall der Abfälle, die Ballung der Bevölkerung, die Schädigung der Umwelt, die Oberhand gewinnen. Daß wir gerade jetzt diesen Grenzwert erreichen werden, hängt mit dem steigenden Umfang der technischen Veränderungen und mit dem Zusammenwirken der Ursachen zusammen.

Die Wirkung dieser Publikationen des Klubs von Rom war sehr stark. Wenn auch die Kritik an der Technik alt ist, so war man doch wenigstens immer von dem materiellen Fortschritt des technischen Wachstums überzeugt. Praktische Nachteile hatte es zwar schon immer gegeben, aber man hatte sie vernachlässigen können. *Daß es jetzt verantwortungsbewußte Techniker sind, die auf die materiellen Gefahren weiteren Wachstums hinweisen, war ein Novum.* Die Berichte sind heftig diskutiert, geprüft, ergänzt und bestritten worden. Der ursprüngliche Ansatz war ziemlich global. Aber die Grundaussage, daß sich Wohlstand und Bevölkerungszahl nicht beliebig steigern lassen, daß das Wachstum der vergangenen 50 Jahre in den folgenden 50 oder 100 Jahren zu einem Zusammenbruch der Lebensqualität führen muß, war von durchschlagender Überzeugungskraft.

Die *Erkenntnis von den Grenzen des Wachstums hat für die abendländische Zivilisation das Weltbild geändert.* Die Idee von technischem Fortschritt war in gröberer und verfeinerter Weise in der Geschichte der Neuzeit praktisch an die Stelle der Religion getreten. Mit der Entwicklungspolitik hat die ganze Welt diese Idee übernommen. Der Verlust dieser Zielvorstellung hat zu einer Sinnkrise geführt. Was sollen wir tun? Wir sehen, daß wir zu Mithelfern der Evolution geworden sind, daß die Bedingungen, unter denen wir leben, im guten wie im schlechten, weitgehend unser eigenes Werk sind, aber wer sagt uns nun, was bezüglich der technischen Weiterführung, die auf einmal zwiespältig und gefahrvoll geworden ist, das Richtige ist? Wie soll man z. B. bei Nullwachstum nur die Arbeitsplätze erhalten? Die ergebniskritischen Bedenken, die sich in der Öffentlichkeit emotional gesteigert haben, sind der eigentliche Anlaß für eine verbreitete antitechnische Einstellung heute. Die politischen und die romantischen Argumente gegen die Technik sind alt. Aber durch die Wachstumsdebatte seit 15 Jahren haben sie eine unerwartete Unterstützung und Virulenz erhalten.

Aber bei nüchterner Überlegung ist eines sicher: Die ergebniskritische Kritik richtet sich nicht gegen die Verfahrensweise und Methoden der Technik, *nicht gegen die Technik an sich, sondern nur gegen ihre Anwendung*, und daher verlangt sie, anders als die politische und auch die romantische Kritik, nicht ein Abrücken von der Technik oder gar ein Aufgeben, sondern nur eine überlegtere Anwendung. Es macht wohl Mühe, technische Schäden zu vermeiden, es ist auch mit Kosten verbunden und wird die Weise des Fortschritts wahrscheinlich auch verändern, aber es ist ein technisches Problem, und es ist nicht grundsätzlich unlösbar. Daher bremst diese Kritik auch nicht die technische Forschung und Gedankenarbeit, denn es gibt noch genug unumgängliche technische Aufgaben, man denke nur an den Hunger in der Dritten Welt. Aber man muß eben genauer bedenken, was man tut. Die technische Planung ist sehr viel komplizierter und schwieriger geworden.

Die Ergebniskritik hat dazu geführt, daß eine umfassende Literatur über Technikfolgenabschätzung entstanden ist. In den Vereinigten Staaten wurde ein Office of Technology Assessment, OTA, geschaffen, das in interdisziplinärer Zusammenarbeit primäre, sekundäre und tertiäre Folgen technischer Vorhaben erarbeitet, um den Politikern die Auswahl bei der Vergabe der Geldmittel zu erleichtern. In der Bundesrepublik stellen private Institutionen derartige Untersuchungen an, wie z. B. das Battelle-Institut. Technology Assessment befaßt sich in der Regel mit Einzelprojekten. Einen umfassenden Bericht verlangte Carter. In seiner Botschaft zur Umweltproblematik an den Kongreß forderte er das Council on Environment Quality und das Außenministerium auf, „in Zusammenarbeit mit anderen Bundesbehörden die ‚voraussichtlichen Veränderungen der Bevölkerung, der natürlichen Ressourcen und der Umwelt auf der Erde bis zum Ende dieses Jahrhunderts' zu untersuchen. Dieses Unterfangen sollte ‚als Grundlage für unsere längerfristige Planung dienen'" (Global 2000, S. 19). Als Ergebnis dreijähriger Arbeit ist ›Global 2000‹ entstanden, ein Bericht mit 1500 Seiten an den Präsidenten, der in allen Bereichen menschlicher Aktivität die Zustände und die Prognosen bis zum Jahr 2000 darstellt. Der Bericht stützt sich auf die Mitarbeit zahlreicher formeller und informeller Berater und aller zuständigen US-Behörden und Verwaltungen.

Die Studie projiziert vorhersehbare Tendenzen in die Zukunft „unter der Voraussetzung, daß die Strategien und Tendenzen der heutigen Politik ohne nennenswerte Veränderung fortdauern" (Global 2000, S. 137). Man hat an der Arbeit kritisiert, daß zu wenig mit Veränderungen gerechnet sei und daß die Prognosen daher zu negativ ausgefallen seien. Im Gegensatz zu

anderen Weltmodellen bemüht sich die Arbeit, auf allen Gebieten möglichst die vorhandenen Details zu erfassen. Sie gibt daher einen umfassenden Überblick. Aber da die Prognosen auf den einzelnen Fachgebieten unabhängig voneinander erstellt sind, haben sich Unstetigkeiten und Brüche
im Zusammenhang nicht ganz vermeiden lassen. Bei einem Vergleich der
Ergebnisse stellen die Autoren fest, daß der Mangel an Verknüpfungen in
den quantitativen Prognosen eine optimistische Sicht begünstige (Global
2000, S. 97). Und während die meisten anderen Weltmodelle das einund-
zwanzigste Jahrhundert mit einbeziehen, schließt die vorliegende Studie
mit dem Jahr 2000 ab.

Die Arbeit ist übersichtlich gegliedert, und eine Zusammenfassung von
93 Seiten ist vorangestellt. Als wichtigste Ergebnisse werden genannt:
„Wenn sich die gegenwärtigen Entwicklungstrends fortsetzen, wird die
Welt im Jahre 2000 noch übervölkerter, verschmutzter, ökologisch noch
weniger stabil und für Störungen anfälliger sein als die Welt, in der wir
heute leben. Ein starker Bevölkerungsdruck, ein starker Druck auf die Ressourcen und Umwelt lassen sich deutlich voraussehen. Trotz eines größeren materiellen Outputs werden die Menschen auf der Welt in vieler Hin-
sicht ärmer sein, als sie es heute sind" (Global 2000, S. 25). Die maßgebende
Ursache für den negativen Trend ist die Tatsache, daß das Wachstum der
Bevölkerung sich nur geringfügig verlangsamen wird. Die Menschenzahl
wird um mehr als 50 % von 4 Milliarden 1975 auf 6,35 Milliarden steigen.
Obwohl die Nahrungsmittelproduktion von 1970 bis 2000 um 90 % steigt,
nimmt die Pro-Kopf-Rate für den gleichen Zeitraum nur um 15 % zu. *Da der
Bedarf an Brennholz steigt, werden die Wälder, vornehmlich die tropischen
Regenwälder, abgeholzt mit einer Rate von 18–20 Millionen Hektar pro
Jahr, so daß 2000 nur noch etwa 40 % der heutigen Walddecke in den Ent-
wicklungsländern vorhanden sein werden.* Dabei werden in großem Um-
fang Arten vernichtet, und man befürchtet Auswirkungen auf das Klima.
Der starke Einsatz fossiler Brennstoffe bringt zuviel Schwefeldioxid in die
Atmosphäre, und das führt zu saurem Regen, der für das große Baum-
sterben wahrscheinlich die maßgebende Rolle spielt.

Die Ergebnisse der Studie sind erschütternd. Und man sieht, daß die entscheidende Ursache für den negativen Trend die Bevölkerungsvermehrung
ist, und zwar die *Bevölkerungsvermehrung in den Entwicklungsländern,
die den Energiemangel, das Abholzen der Wälder und den sauren Regen zur
Folge hat.* Sicherheitsbedenken verhindern, daß die Kernenergie die Energiesituation schnell genug entlastet und die Verbrennung fossiler Brennstoffe ablöst. Die negativen Folgen der Industrialisierung drohen heute
insbesondere von der Seite der Entwicklungsländer.

Die Aufgabe von Global 2000 war die Beschreibung der Probleme, aber man fragt nun dringend nach ihrer Lösung, zumal der Zustand, wie das Jahr 2000 geschildert ist, keine Tendenz zur Besserung erkennen läßt. Präsident Carter hat daher die Regierungsbehörden beauftragt, in einem nächsten Schritt Verbesserungsvorschläge auszuarbeiten. Das ist unter Führung des Council on Environment Quality in einer weiteren Studie ›Global Future. Time to act‹ geschehen. Diese Studie ist unter amerikanischen Aspekten verfaßt. Die Vereinigten Staaten, in ungewöhnlichem Ausmaß ein Selbstversorger in Nahrungs-, Faser-, Fisch- und Holzprodukten, seien relativ wenig betroffen, aber sie seien doch nicht völlig autark. Auch könne man sich der moralischen Herausforderung nicht entziehen, da heute 800 Millionen Menschen in absoluter Armut, Krankheit und Hoffnungslosigkeit leben (Global Future, S. 27, 29). Im Schwerpunkt wird die Situation als Problem der Entwicklungsländer gesehen. Die Grundempfehlung ist sparsames Wirtschaften unter Schonung der Ressourcen. Hierzu bedarf es aber vor allem einer Änderung der Wertvorstellungen.

Es werden nun eine Fülle von Empfehlungen gegeben, von denen nur wenige Beispiele zitiert werden können: bessere Programme zur Familienplanung; Erhöhung der Entwicklungshilfe im Nahrungsmittelbereich für Länder niedrigen Einkommens; erweitertes Brennholzprogramm der Weltbank; leichterer Zugang der Entwicklungsländer zu neuen Energietechnologien; ein weltweites Aktionsprogramm gegen die Abholzung tropischer Wälder; eine behördenübergreifende Aktionsgruppe zur Erhaltung der biologischen Vielfalt; ein Komitee, um die Verfügbarkeit und den Bedarf an Wasser weltweit zu erfassen; eine zentrale Regierungsstelle zur Koordination aller Daten in den USA. Der Bericht zeigt, wie die Autoren konkret über eine bessere Verwaltung der Technik nachgedacht haben. Zum Umstimmen der Menschen ist vornehmlich an institutionelle Maßnahmen gedacht. Auch sind die Überlegungen trotz des amerikanischen Standpunktes von allgemeiner und grundlegender Bedeutung.

Als die Studie fertig war, hatte in den USA die Präsidentschaft von Carter zu Reagan gewechselt. Mit großem Engagement ist Reagan bemüht, die Vereinigten Staaten aus der Wirtschaftskrise herauszubekommen, und daher beunruhigen ihn die globalen Sorgen weniger als die aktuelle Situation. Die Verbesserungsvorschläge kosten natürlich Geld, sie vermehren die Bürokratie und enthalten vor allem Bedenken, sie beflügeln gerade nicht den für die Konjunktur notwendigen Optimismus. Sie sind daher in den Schubladen der Reagan-Administration verschwunden. In der Bundesrepublik haben sich die Ökologen der Übersetzung und Herausgabe der Studie angenommen, um das sorgfältig erarbeitete Material dem deutschen Publikum zu erhalten (Global Future. Es ist Zeit zu handeln. Die Fortschreibung des Berichts an den Präsidenten).

Das Schicksal dieser umfassendsten Studie zur ökologischen Problematik zeigt, daß die Beurteilung dieser Fragen von der Risikoabschätzung abhängt, und diese wird bei einzelnen Menschen je nach Temperament, Ausbildung und Berufsstand immer verschieden ausfallen. Und der Politiker ist nicht nur gezwungen, sondern es ist auch seine Aufgabe, sich den Wünschen seines Wahlvolkes anzupassen, dessen Beauftragter er ja ist. Und die Konsumenten fordern ja eine ganze Menge, sind aber doch wenig bereit, Einschränkungen auf sich zu nehmen. Alle Lohn- und Einkommengespräche zeigen, daß sich heute zur Umweltfürsorge als Opfer die Mehrheit der Wähler noch nicht bereitfindet. Hier kann man nur hoffen, daß die vorliegenden Arbeiten die Menschen nachdenklicher machen, so daß sie sich leichter den Verhältnissen anpassen. Mit der Zeit wird das wohl auch kommen. *Aber wer in verantwortlicher Position in kritischen Zeiten die Wirtschaft in Gang zu halten hat, muß mit den Gegebenheiten rechnen und ist kurzfristiger eingestellt als der Planer auf lange Sicht.* Voraussetzung für die Zukunft ist eben doch, daß man auch aktuell über die Runden kommt. Wir wollen eine weitere Studie über die Weltenergieperspektive behandeln, die auf umspannender internationaler Zusammenarbeit beruht (Die Weltenergieperspektive, Analyse bis zum Jahr 2030 nach dem IIASA-Forschungsbericht › Energie in an Finite World ‹, vorgelegt von der Max-Planck-Gesellschaft). Ausführend ist das IIASA, das International Institute for Applies Systems Analysis in Laxenburg bei Wien. Dem Institut gehören an die National Academy of Sciences in Washington, die Akademie der Wissenschaften in Moskau, die Royal Society in London, die Österreichische Akademie der Wissenschaften in Wien, die Max-Planck-Gesellschaft in München, die Akademie der Wissenschaften der DDR in Berlin sowie weitere wissenschaftliche Spitzenorganisationen von Frankreich, Italien, Japan, Kanada, Niederlande, Polen, Schweden, Bulgarien, Tschechoslowakei, Ungarn und Finnland. Urheber und Leiter des Projekts war Prof. Dr. Wolf Häfele, die verständliche Zusammenfassung auf Deutsch hat der Leiter des Referates für Presse- und Öffentlichkeitsarbeit der Max-Planck-Gesellschaft, Robert Gerwien, geschrieben. Das Institut verfügt über etwa 80 Wissenschaftler und 200 weitere Mitarbeiter. Dazu kommen noch 20 Wissenschaftler, die von anderen, die Wissenschaft fördernden Organisationen finanziert werden. Manche Wissenschaftler bleiben Jahre, andere nur Monate. Auf lebhaften Austausch wird Wert gelegt. Es wird von einem guten Arbeitsklima berichtet. Die Existenz einer solchen Organisation *zeigt, welche allgemeine Sorge man der technischen Entwicklung auf dem Energiesektor widmet, und sie zeigt auch, in welchem Ausmaß internationale Zusammenarbeit möglich und nützlich ist.*
Die Analyse ist langfristig angelegt, bis 2030 und darüber hinaus. Das ist

erforderlich, da Veränderungen in den Energieerzeugungsverfahren eine
Rolle spielen, bei denen Entwicklungs- und Anlaufzeiten eine Rolle spielen. Auch besteht die Hoffnung, daß nach dieser Zeit wieder stabilere Verhältnisse möglich sein werden. Die einzelnen Länder liegen mit ihrer Energieversorgung recht verschieden. Nordamerika und Kanada haben reiche
Energievorräte, Westeuropa, Australien, Israel, Japan, Neuseeland und
Südafrika haben knappe bis knappste Reserven. Gemäß ihrer Wirtschaftsstruktur und der Energiesituation ist in dem Bericht die Welt in sieben
Regionen eingeteilt. Untersucht, kalkuliert und auf ihre Entwicklungsmöglichkeit abgeschätzt sind *alle bekannten Verfahren der Energiegewinnung
durch Kohle, Erdöl, Teersand, Ölschiefer, Erdgas, Kernenergie, Schnellen
Brüter, Sonnenenergie, Biomasse, Wasser, Windenergie und Erdwärme.*

Und nun die Ergebnisse: Nullwachstum ist bei der Energieerzeugung
nicht denkbar, da die Bevölkerung wächst. Bis 2030 werden sich die vier
Milliarden verdoppelt haben. Dabei ist schon vorausgesetzt, daß die zweiprozentige Zuwachsrate heute bis zum Jahr 2015 unter ein Prozent gesunken ist. Aber könnte man nicht wenigstens den Pro-Kopf-Verbrauch konstanthalten? Ein derartiges Szenario ist durchgerechnet. Der Durchschnitts-Pro-Kopf-Verbrauch heute liegt bei 2 Kilowattjahren pro Jahr. Ein kW/a ist
die Energie, die ein Motor mit 1 kW Leistung, der ein Jahr lang läuft, in jedem Jahr braucht. Der Durchschnittswert schwankt aber von 11,2 kW/a in
Nordamerika und Kanada bis zu 0,2 kW/a in Südostasien. Nun muß den
Entwicklungsländern auf alle Fälle ein gewisses Energiewachstum zugebilligt werden, und daher bedeutet das Festhalten am Durchschnittswert ein
negatives Wachstum für die hochentwickelten Länder. Das würde, wie das
betreffende Szenario ergibt, *zu einer Energiereduzierung von über 40 % in
Amerika und Westeuropa führen* (Weltenergieperspektive, S. 186). Dazu
werden die Industrieländer sich nicht bereit finden. Daher sind zwei weitere Szenarien durchgerechnet mit 3 kW/a und 5 kW/a im Jahr 2030. Der
Durchschnittswert von 3 kW/a würde für die Industrieländer keine Energievermehrung bringen, dagegen eine, wenn auch nicht sehr große, Angleichung der Entwicklungsländer ermöglichen, während 5 kW/a reichlichere
Energieversorgung bedeutet, allerdings immer noch nicht das Energiewachstum, wie wir es in den vergangenen Jahrzehnten gehabt haben.
Rechnen wir nun mit dem Szenario von 3 kW/a, so bedeutet das, daß wir in
50 Jahren dreimal soviel Energie wie heute brauchen, ohne daß der Pro-Kopf-Verbrauch der Industrieländer gestiegen ist. Sparsamer wird es nicht
gehen. Auf die Bevölkerungsvermehrung haben wir leider den geringsten
Einfluß. Alle Überlegungen, die sich auf das Nullwachstum auf anderen
Gebieten beziehen, müssen diese Situation ebenfalls berücksichtigen.

Die Energie muß *im Jahre 2030 anders aufgebraucht werden als heute.*

Vorräte erschöpfen sich, und neue Verfahren kommen hinzu. Der Bericht gibt eine gute Übersicht über das Aufkommen neuer und die Verdrängung alter Energieträger bis zum Jahr 2030 (a. a. O., S. 153). Für 2030 ergeben sich als Anteile an der Energieerzeugung für Kohle 3 %, für Sonnenenergie 8 %, für Erdöl 8 %, für Kernkraft 38 % und für Erdgas 41 % (a. a. O., S. 153). Das alles sind natürlich nur Schätzungen, aber man muß bedenken, daß umfangreiches Material für die Schätzungen zur Verfügung steht und daß eine große Zahl von ersten Experten aller Länder an diesen Schätzungen beteiligt ist. An der Kernenergie führt nach Meinung der IIASA kein Weg vorbei. Man sieht hier, im Gegensatz zur Sonnenenergie, auch keine wesentlichen Forschungsprobleme mehr. Nach einer Statistik waren im Jahre 1978 212 Kernkraftwerke in Betrieb mit einer Leistung von insgesamt 110 000 Megawatt. *„Die Wiederaufarbeitung ist kein technisches Problem"*, heißt es (a. a. O., S. 79). Auf die Dauer kommt für die Kernenergie nur der Schnelle Brüter in Betracht. *„Als Reaktortyp hat der Schnelle Natriumgekühlte Brüter seine wissenschaftliche und technische Realisierbarkeit längst unter Beweis gestellt"* (a. a. O., S. 81). Es ist eindrucksvoll, daß in Fragen, die in der Öffentlichkeit so sehr umstritten sind, eine Organisation wie die IIASA, die aus den Spitzengremien sämtlicher betroffener Länder besteht, zu so eindeutigen Aussagen kommt. Die IIASA sieht für die zweite Hälfte des 20. Jahrhunderts in den Brutreaktoren und der Solarenergie die einzige, aber auch die reale Alternative einer praktisch unerschöpflichen Energiequelle für die Menschheit (a. a. O., S. 112).

Trotz dieser Ausführungen der IIASA gibt es noch verschiedene Standpunkte und heftige Auseinandersetzungen um die Kernenergie. Der Philosoph Robert Spaemann hat nachhaltige ethische Bedenken geltend gemacht (R. Spaemann, Technische Eingriffe in die Natur als Problem der politischen Ethik, in: Scheidewege, 1979). Angesichts der Gefahr, daß irreversibel radioaktive Strahlung entfesselt werde, die zum Tod oder zu schweren gesundheitlichen Schäden unserer Kinder führen könne, müsse der Bürger verlangen, daß Kernkraftwerke nur gebaut werden, wenn praktisch alle Fachleute von der Unschädlichkeit überzeugt seien, daß kein Sachverständiger widerspreche (a. a. O., S. 496). Das sei aber nicht der Fall. Ethische oder religiöse Konflikte, aber auch fundamentale Gewissensfragen könnten nicht durch Mehrheitsentscheidungen legitimationsstiftend gelöst werden. Auch sei es falsch, bei Entscheidungen dieser Art das Prinzip der Güterabwägung statt eines unbedingten Verbotes einführen zu wollen (a. a. O., S. 488). Hinweise auf die Unwahrscheinlichkeit möglicher Katastrophen könnten nicht zählen, da es um Sicherheit gehe. Daher sei die Inbetriebnahme von Kernkraftwerken zur Zeit ethisch auf keinen Fall gerechtfertigt.

Aber ein völliges Einvernehmen auch der Fachleute ist undenkbar, da sie entsprechend ihrer verschiedenen Veranlagung und Erfahrung Risiken verschieden gewichten und bewerten.

Öffentlich sind die IIASA-Experten zu einer völlig anderen Auffassung über die Gefährlichkeit der Kernkraftwerke gelangt als Spaemann, für den die Frage um die Kernenergie eine ethische Frage bleibt.

Einspruch gegen die Kernenergie erhebt auch die Ökologische Bewegung, deren Argumentation neben dem Grundsätzlichen stark praktisch orientiert ist. Es gibt in der Bundesrepublik etwa 30 ökologische Institute, von denen einige nur bescheidenen Umfang haben. Sie sind in der Arbeitsgemeinschaft Ökologischer Forschungsinstitute, AGÖF, zusammengeschlossen. Sie befassen sich mit alternativen Energiekonzepten, Wärmedämmung, Aluminiumrecycling, Kraft-Wärme-Koppelung, Biogas, Reaktorsicherheit, Regionalplanung, Müllverwertung, sanfter Technik, Öffentlichkeitsarbeit, Gutachtervermittlung, kurzum mit allem, was die Ökologie betrifft. Eine umfangreiche Rolle spielt die Datensammlung und -verarbeitung, auch im Auftrag von Ministerien. Vom Öko-Institut in Freiburg ist ›Der Fischer Öko-Almanach 82/83. Daten, Fakten, Trends der Umweltdiskussion‹ herausgegeben worden. Es handelt sich um eine umfassende Sammlung von statistischem Material und von Adressen und Schrifttumshinweisen zu allen Themen des Umweltschutzes. Auch die Umweltgefahren, verursacht durch die Rüstungspolitik, finden die entsprechende Berücksichtigung. Kürzlich erschienen ist ›Öko-Politik – aber wie?‹, Ergänzungsband zu Der Fischer Öko-Almanach 82/83‹, mit einer Reihe von Stellungnahmen und alternativen Entwürfen auf dem Öko-Gebiet. Ferner haben Udo Halbach und Heinz B. Müller einen ›Euro-ökologischen Führer‹ herausgegeben. Es sind 150 ökologische Stationen von 12 westeuropäischen Ländern, 65 davon von der Bundesrepublik, bezüglich Ausstattung und Arbeitsumfang beschrieben im Sinne eines ›Baedekers‹ für biologische und ökologische Exkursionen und zur ökologischen Ausbildung im Freiland. Das Spektrum der aufgenommenen Stationen reicht von der einfachen Vogelwärterhütte bis zu großen, eigenständigen Forschungsinstituten. Die Information und Adressensammlung gewährt einen umfassenden Überblick.

Zu einer effektiven Zusammenarbeit der eigentlichen Öko-Institute und der etablierten Wissenschaft ist es kaum gekommen, auch wenn es durchaus sachliche Diskussion und Meinungsaustausch gibt. Von keiner Seite ist ein Kompromiß bezüglich der Kernenergie zu erkennen. Die Öko-Institute halten an der Ablehnung der Kernenergie fest. Fast alle Institute befassen sich mit Energiesparmaßnahmen, die an sich auch sehr nützlich sind, aber nach Auffassung der Etablierten nicht hinreichen.

Eine interessante Auseinandersetzung mit der Ökologischen Bewegung bringt das Buch von Joseph Huber: ›Die verlorene Unschuld der Ökologie.‹ Dem Herzen nach hat Huber der Ökologischen Bewegung wohl angehört, er lobt die Linken als Geisteskinder und schreibt: „Das Weltbild der demokratischen Linken ist egalitär-solidarisch. Die Menschen sind gleich geboren und sollen deshalb auch einander gleichgestellt leben. Nicht nur rechtlich, sondern auch wirtschaftlich und sozial. Erst dann ist wirkliche Gleichheit vorhanden, und nur in und aus dieser kollektiven Gleichheit können die Menschen sich wirklich frei entfalten" (Huber, Die verlorene Unschuld, S. 192). Aber, so schreibt er, „die erklärten und stillschweigenden Parteigänger eines superindustriellen Durchbruchs sind weitaus mehr und mächtiger als ihre Gegenspieler in der Ökologiebewegung". Doch dieser Gegensatz bleibt nicht erhalten, denn die Industrie paßt sich ökologisch an, und die Ökologie paßt sich der Industrie an, sie verliert damit ihre ökologische Unschuld. Wenn die Ökologie Zukunft hat, dann nur in industrieller Form, und die Industrie kann nur eine Zukunft haben, wenn sie ökologisch wird (a. a. O., S. 12). Hier ist also die Synthese von Industrie und Ökologie vorausgesagt.

*Warum ist das für die Ökologie ein Verlust der Unschuld, fragt man?* Wenn sie sich in der Industrie durchsetzt, ist das doch gut. Aber der Autor findet diese Lösung nicht ideal. Hier wird deutlich, daß es für die Ökologiebewegung zwei voneinander ziemlich unabhängige Motive gibt: da ist erstens der Schutz der Umwelt und die Erhaltung der lebensnotwendigen Gleichgewichte und zweitens die Veränderung der Lebensformen im Sinne der sanften Technik und der Gleichstellung der Menschen. Und die Ökologie verliert nach Huber nun ihre industrielle Unschuld, indem sie das erste zwar erreicht, auf das zweite aber verzichtet. Huber ist ein realistischer Beobachter. Er rechnet mit dem ökologisch angepaßten, superindustriellen Durchbruch, aber er schreibt, daß diese Entwicklung seinen politischen Lieblingsgedanken nicht entgegenkommt (a. a. O., S. 15).

Und nun schildert er in einem kühnen und großen Zukunftsszenario, wie dieser superindustrielle Durchbruch aussehen wird. Der kommende Aufschwung ist von der Forschung vorbereitet. Die neuen Elemente sind Mikroelektronik und neue Materialtechnologie, insbesondere die Halbleitertechnik, die Lasertechnik sowie Glas- und Metallfasern; Gentechnologie, vor allem die Herstellung von Chemikalien und Pharmaka durch „Bioroboter"; Biomasseverarbeitung, d. h. Herstellung von Nahrungs- und Futtermitteln, Baustoffen, chemischen Grundprodukten und Brennstoffen aus Pflanzen; alternative Energietechnik, wie Windenergie, Erdwärme und Solartechnik; Umweltschutz, Recycling und sonstige Ökotechnologien (a. a. O., S. 45). Die Mikroelektronik besitzt eine ungeheure Entwicklungsgeschwindigkeit. „Hätte sich die Autotechnik in vergleichbarer Weise entwickelt, so müßte ein VW-Käfer heute etwa eine Ge-

schwindigkeit von 100 000 km/h erreichen, für 5000 Leute Platz bieten, mit
einem halben Liter Sprit 1000 km weit fahren und bloß 5 DM das Stück kosten" (a. a. O., S. 49). Zu Recht wird man die kommende Epoche als ein Siliciumzeitalter bezeichnen können. „Die aufgeklärten Bürokraten wissen
nur zu genau, daß in der Welt von morgen nur ein Wort mitredet, wer über
eine eigene Halbleiterindustrie verfügt" (a. a. O., S. 53). Die Bürotechnik
erfährt einen Umbruch durch die Telematik. Das Wort ist zusammengezo-
gen aus Telekommunikation und Informatik und bedeutet, daß durch die
ungeheure Perfektion der Nachrichtenübertragung die Menschen für gemeinsame geistige Arbeit nicht mehr zusammenzukommen brauchen, sondern von ihren Wohnsitzen aus ihre Arbeit und ihre Besprechungen erledi-
gen können. Das führt zu einer großen Entlastung des Stadtverkehrs und zu
einer wesentlichen Energieeinsparung (a. a. O., S. 63). Große Bedeutung
wird der Biotechnologie zugemessen. Die Verfahren arbeiten bei normalen
Temperaturen, die Werkstoffe brauchen weniger rein zu sein, während die
Produkte reiner sind. Angesichts der neuen Wirtschaft ist damit zu rechnen, „daß Kohle, Öl und Kernkraft im buchstäblichen oder übertragenen
Sinne im Siliciumzeitalter Stoffe vergangener Zeiten sind: Fossilien"
(a. a. O., S. 97).

Das sind phantastische Zukunftsperspektiven, von deren Realität der
Autor aber überzeugt ist und die man auch keineswegs als Hirngespinste
abtun kann. Die Technik – so heißt es – entwickelt sich derart, daß die
Umweltproblematik sich auflöst, weil die Industrie sich ökologisiert, und
die Energieproblematik entfällt ebenfalls, da das neue Siliciumzeitalter größenordnungsmäßig weniger Energie braucht. Gibt es dann noch Grenzen
des Wachstums? Nach Huber sind „diese ‚Grenzen‘ normativer Art, d. h.
eine Frage des politischen und weltanschaulichen Standpunktes. Für das
Industriesystem" – so fährt er fort – „sind sie nicht nur kein Hindernis,
sondern geradezu ein Lebenselexier. Das System beruht auf Klassenteilung
und Ausbeutung, und es wächst, wenn und weil es ständig ‚Mangel‘ und
‚Knappheit‘ schafft, indem es Altes entwertet, um Neues vermarkten zu
können." Unzufrieden und resigniert findet sich der Autor mit diesem
Wachstum ab. „Politisch dürfte der Ausgang dieses Rennens bereits vor-
entschieden sein. Fast alle Weichen sind auf den superindustriellen Durchbruch gestellt. Die politisch relevanten Gruppen wollen ihn – die multina-
tionalen Konzerne, die nationalen Regierungen, die Unternehmerverbände
und die Gewerkschaften, und nicht zuletzt die große Masse der Bevölkerung in ihrer Eigenschaft als Konsumenten" (a. a. O., S. 158). Huber
spricht von der Vergeblichkeit menschlicher „Suche nach Glück an Orten,
wo es nicht zu finden ist, etwa auf der Uni, der Autobahn, im Supermarkt
oder im Fernsehen".

Das Buch ist faszinierend zu lesen. Es enthält eine sehr klare, nüchterne und realistische Sicht gesellschaftlicher und politischer Zusammenhänge und eine differenzierte Darstellung moralischer Positionen zum technischen Wachstum, daneben aber Merkmale tiefen Weltschmerzes, weil alle Menschen ein System wollen, was der Autor als ungut und als moralisch höchst anfechtbar empfindet. Man spürt den nachhaltigen Pessimismus, der heute in weiten Kreisen der jungen Generation verbreitet ist. Ihre Unschuld verliert die Ökologie, weil sie sich auf die Industrie einläßt. Wir haben Joseph Huber zitiert im Zusammenhang mit der Ergebniskritik an der Technik. Dieses Problem ist bei Huber gelöst. Aber die Lösung ist nicht das Glück. Damit haben uns diese Überlegungen schon herübergeführt zur ältesten und wieder neuen Kritik an der Technik, der romantischen Kritik, die eine Kritik des Herzens ist.

Das Mißtrauen gegenüber der Technik ist so alt wie die Technik selber. Das griechische Wort *techne* heißt nicht nur das Kunstwerk, sondern auch die Kriegslist, die Falle, und *technao*, künstlich verfertigen, wird verwendet im Sinne von sich verstellen und heucheln. Die großen Techniker der mythischen Vorzeit, Hephäst, Prometheus, Dädalus, sind für ihre Leistungen grausam bestraft worden. Die Technik vermittelt die Macht und damit auch die Versuchung zum Mißbrauch. Die wenigen, die sie besaßen und handhabten, sind immer aufgrund ihrer Überlegenheit vom Neid, vom Argwohn und von der Mißgunst der Unkundigen verfolgt worden. Hybris, der Übermut, ist eine in der griechischen Ethik oft gerügte Verfehlung. Furchtbar und ungeheuerlich nennt Sophokles im Chorlied der Antigone den Menschen, weil er die Meeresflut besiegt, den Acker aufbricht, das Wild umstellt und fängt, Kälte und Sturm überwindet. Wie vertraut erscheinen uns heute die Techniken des Landmanns und Jägers angesichts der schwer durchschaubaren Mächte, wie wir sie heute erleben.

Den Kampf gegen die Technik, und zwar wieder vornehmlich wegen der Ungleichheit der Menschen im technischen Leben, hat J. J. Rousseau mit großer literarischer Macht vorgetragen. Im Jahre 1750 stellte die Akademie von Dijon die Preisfrage: „Ob die Erneuerung der Wissenschaften und Künste dazu beigetragen habe, die Sitten zu bessern." Rousseau hat diese Frage radikal verneint, und seine Abhandlung wurde von den 30 eingegangenen Arbeiten preisgekrönt. „In dem Maße, in dem unsere Wissenschaften und Künste zur Vollkommenheit fortschritten, sind unsere Seelen verderbt worden", schreibt er *(Rousseau, Schriften zur Kulturkritik, S. 15)*. „Die Wissenschaften und Künste verdanken ihre Entstehung unseren Lastern" (a. a. O., S. 31). Rousseau spricht von den „schrecklichen Wirren, die der Buchdruck schon in Europa verursacht hat" (a. a. O., S. 53). Und er nennt die Ungleichheit die Ursache von allem. „Woher stammen all diese Mißbräuche, wenn nicht von der unseligen Ungleichheit, die infolge der Auszeichnung der Talente und der Herabwürdigung der Tugenden eingeführt wurde?" (a. a. O., S. 47).

Rousseau vertritt die Meinung, daß die Menschen im Naturzustand gleich seien, daß die Ungleichheit erst eine Folge der Vergesellschaftung ist. „Im bloßen Instinkt war ihm alles gegeben, um im Naturzustand leben zu können. Einen gebildeten Verstand braucht er nur, um in Gesellschaft leben zu können" (a. a. O., S. 165). Der Verstand aber, dieses Produkt der Vergesellschaftung, ist die Wurzel des Bösen. Das natürliche Mitgefühl nennt Rousseau eine „reine, jeder Reflexion vorausgehende Regung der Natur" (a. a. O., S. 173). „In der Tat, das Mitleid wird um so stärker sein, je inniger sich das zuschauende Tier mit dem leidenden Tier identifiziert. Nun liegt auf der Hand, daß diese Einfühlung unendlich tiefer als im Zustand der Verständigkeit sein mußte. Es ist der Verstand, der die Selbstsucht erzeugt. Es ist die Reflexion, die sie stark macht" (a. a. O., S. 175). „Ich wage zu versichern", schreibt Rousseau, „daß der Zustand der Reflexion wider die Natur ist und daß ein grübelnder Mensch ein entartetes Tier ist" (a. a. O., S. 99).

Das unübersehbare Merkmal der Ungleichheit ist das Privateigentum. *Rousseaus Gesellschaftskritik ist seine Kritik am Privateigentum.* „Ihr seid verloren, wenn ihr vergeßt, daß die Früchte allen gehören und die Erde keinem", ruft er aus (a. a. O., S. 191). Aber: „So vollzog sich die Entstehung der Gesellschaft . . . sowie der Gesetze, die dem Schwachen neue Fesseln und dem Reichen neue Macht gaben. Sie zerstörten unwiderruflich die angeborene Freiheit, setzten für immer das Gesetz des Eigentums und der Ungleichheit fest, machten aus einer listigen Usurpation ein unaufhebbares Recht und zwangen von nun an das gesamte Menschengeschlecht für den Gewinn einiger Ehrgeiziger zur Arbeit, zur Knechtschaft und zum Elend" (a. a. O., S. 229).

Welche praktischen Folgerungen zieht Rousseau? Er weiß, es führt kein Weg zurück. Er hat einen Gesellschaftsvertrag entworfen, in dem er auch Konzessionen gemacht hat, dessen Ziel es aber ist, die durch die technische und gesellschaftliche Entwicklung verlorene Gleichheit der Natur möglichst wiederherzustellen. Voraussetzung für diesen Grundvertrag sind Stadtstaaten von einer Größe, daß „jeder Bürger genügend Gelegenheit hat, alle anderen kennenzulernen . . . sodann die fast vollkommene Gleichheit in bezug auf Stand und Vermögen, ohne die auch die Gleichheit der Rechte und Macht keinen langen Bestand haben könnte" (Rousseau, Der Gesellschaftsvertrag, S. 30). Das maßgebende Organ ist der allgemeine Wille, *la volonté général,* der durch Abstimmung ermittelt wird. Die Abstimmenden sollen sich nicht vorher in Gruppen oder Parteien zusammenschließen, sondern es soll „jeder Staatsbürger nur für seine eigene Überzeugung eintreten" (a. a. O., S. 33). Der allgemeine Wille will die Gleichheit und das Beste (a. a. O., S. 28, 32). „Wenn mithin meine Ansicht der entgegengesetzten unterliegt" – schreibt Rousseau –, „so beweist das nichts anderes, als daß ich mich geirrt habe und daß dasjenige, was ich für den allgemeinen Willen hielt, es nicht war" (a. a. O., S. 121). Dieser allgemeine Wille ist die regierende Gewalt, zu seiner Durchführung wählt das Volk keine Vertreter, sondern Beauftragte. „Die Vertretung ist der Ausfluß jener unbilligen und sinnlosen Regierungsform der Feudalzeit, in der die Menschenwürde herabgewürdigt und der Name Mensch geschändet wird" (a. a. O., S. 107). Die Beauftragten können jederzeit abberufen und ersetzt werden. Diese Verfassungsform ist heute unter dem Namen Räterepublik oder imperatives Mandat bekannt geworden.

Rousseaus historische Wirkung war ungeheuer. Zwei Umstände waren dabei entscheidend. Rousseau war ein Vorkämpfer der Revolution. Robespierre hat ihn glühend verehrt und seine Gebeine im Pantheon beigesetzt. Freiheit – Gleichheit – Brüderlichkeit ist die Parole der Französischen Revolution geworden, und hier ist es die große Masse der Unterdrückten gewesen, die gegen die ungeheure und ungerechte Ungleichheit des *Ancien régime,* gegen die durch Erbfolge fixierten Standesprivilegien protestiert hat. Obwohl inzwischen viel Ungleichheit beseitigt worden ist und obwohl die Zufälligkeit der Erbfolge nur noch eine geringe Rolle für die gesellschaftliche Position spielt, gibt es auch heute noch genügend unvertretbare Ungleichheit, so daß Rousseaus revolutionäre Forderung bis heute aktuell geblieben ist.

Die zweite große Tat ist aber, daß er *mit dem Ruf „Zurück zur Natur" das Gefühl wieder zur Sprache gebracht hat.* Dieser unbekümmerte Rückgriff auf die Ursprünglichkeit macht seine Genialität aus, mit der er seine Zeitgenossen überragt. Er hat sehr allgemeine, urtümliche, aber unterdrückte Regungen befreit, Ängste vor den Risiken des Daseins und die Sehnsucht nach Rückkehr in den Mutterschoß. Bedürfnisse des Gemütes, die durch die Zivilisation verdrängt waren, sind durch ihn wieder zur Sprache gekommen. Wir können seine Formulierungen durch die Literatur bis in die moderne Zeit verfolgen. Er hat *den revolutionären Progressismus mit der Nostalgie verschmolzen,* und viele Parolen, die heute die Debatten beherrschen, finden sich bei ihm schon vorformuliert. Dem Protest des Individuums, das sich auf die unzweideutige und unmittelbare Stimme seines Herzens beruft, gegen diesen großen und unerbittlichen Komplex des gesellschaftlichen Systems der Neuzeit hat Rousseau in unnachahmlicher Weise seine Sprache verliehen.

Wir fragen uns, in welchen Punkten wir Rousseau zustimmen und wo wir ihm nicht folgen können. Seine Kulturkritik enthält einen wahren Kern. Es ist keine Frage, daß der Mensch erst mit seiner Ablösung vom Naturzustand schuldfähig wird. Tiere sündigen nicht. Der kulturelle Fortschritt von Stufe zu Stufe enthält immer wieder in gesteigerter Form die Versuchung, die Möglichkeit zum Mißbrauch. Die kulturelle Entwicklung ist daher die notwendige Bedingung für das Böse. Das ist die Kehrseite der Freiheit, die dem Menschen gegeben ist. In diesem Sinne *sind auch Ungleichheit und Privateigentum und Macht notwendige Voraussetzungen für das Böse.* Rousseau radikalisiert diesen Sachverhalt und macht aus der notwendigen die hinreichende Bedingung, er sagt: Dieses alles und mehr noch, das Denken, der Verstand, die Reflexion sind immer und unter allen Umständen böse. Aber das ist eine zornige Verallgemeinerung, die nicht zutrifft, es hat auch den weisen Herrscher gegeben, und nicht jede Freiheit wird mißbraucht, sonst gäbe es gar keine Freiheit. *Dem Verfahren, die notwendige Bedingung als hinreichend zu nehmen, ist eine suggestive Verführung eigen.* Die *notwendige Bedingung läßt sich trefflich mit Beispielen belegen* und plausibel machen, und das Denken liebt auch die Verallgemeinerung. Wie oft ist nicht die Macht mißbraucht worden, und wie leicht und wie häufig wird sie mißbraucht, aber der Schluß, daß sie deshalb immer mißbraucht wird, daß sie an sich böse ist, ist der falsche Schluß von „es gibt" auf „alle sind". Rousseau hat alle seine wahren und treffenden Hinweise in dieser unzulässigen Weise verallgemeinert, so daß er, ernstgenommen, zu nihilistischen und utopischen Konsequenzen gelangt.

Aber er hat eine bestimmte Faser im menschlichen Gemüt angesprochen, Kant spricht bewundernd vom „berühmten Rousseau", Schopenhauer nennt ihn den größten Moralisten der neueren Zeit. Er ist zum Vater der Romantik geworden. Die Blickwendung zurück, die Entdeckung der Vergangenheit war die große Leistung der Romantik. Mit dem für sie charakteristischen Einfühlungsvermögen werden die klassischen Werke der Weltliteratur übersetzt, Shakespeare, Dante, Calderon, Cervantes. Die Geschichte wird lebendig und bereichert das Leben. Aber die Wendung zurück hat auch ihre negative Tendenz, und Rousseau hat sie auf die Spitze getrieben. Die Natur wird als das Ursprüngliche und Gute verstanden und der Fortschritt als Verlust. Das ist auch heute die Idealvorstellung von einer anderen, einer sanften Technik, einer Technik nach Menschenmaß, wie man sagt, wobei unter Menschenmaß das Hergebrachte und Vertraute verstanden wird, Handwerk, dörfliche Verhältnisse, Großfamilie und lokaler Tauschverkehr (S. 40). Wir haben diese Kritik an der Technik die romantische genannt, weil sie die Vergangenheit höher bewertet als die Zukunft, weil hier *das Grundgefühl mitspielt, daß die Geschichte des Menschen eine Geschichte des Verfalls ist.* Die Verfallstheorie stammt bereits aus dem

Altertum. Ihr ist mit Argumenten schwer zu begegnen, da sie gefühlsmäßig tief fundiert ist in dem Ausmaß des Urvertrauens, das ein Mensch seinem Dasein entgegenbringt. Die Angst vor dem Abenteuer des Lebens steht dahinter.

Heute haben diese Tendenzen großes Gewicht erhalten, weil uns durch den Umfang der modernen Technik reale Gefahren bedrohen. Immerhin gibt es gegen technische Schäden auch technische Mittel. Nachhaltiger wirkt die grundsätzliche Unzufriedenheit mit der technischen Zivilisation, da dieser Lebensstil *in der Tat die Ansprüche und die Kräfte des Gemütes vernachlässigt hat,* weil die Methoden, die für die Technik gut und geeignet sind, zu Methoden der Lebensbewältigung überhaupt gemacht worden sind, so daß sich gegen den einseitigen Intellektualismus unseres öffentlichen Lebens ein verbreiteter, aber schwer artikulierbarer Protest meldet. Hier wird eine Bestätigung der Verfallstheorie erlebt, und das Gefühl, ungeborgen, heimatlos und unvertraut einem fremden, unverständlichen Leben ausgeliefert zu sein, diese Entfremdung geht quer durch die Bevölkerung von den Ausgeflippten der jungen Generation bis zum Bildungsbürgertum. *Es ist eine Vertrauenskrise dem Leben gegenüber.*

Und dieser Protest ist berechtigt, da in der Tat in der Neuzeit die Lebensbewältigung sehr einseitig nach dem Rezept des technischen Fortschritts gelaufen ist. Diese romantische Kritik an der Technik ist sehr ernst zu nehmen, da echte Gefühlskräfte, die noch nach Ausdruck ringen, dahinterstehen. Die Wege aus dieser Situation sind ein gesellschaftliches Problem. Wir kommen im abschließenden Teil des Buches darauf zurück.

Die romantische Kritik an der Technik hat in der verschiedensten Weise literarischen Ausdruck gefunden. Wie Technik erlebt wird, was man von ihr hofft und fürchtet, erkennt man besonders gut an den utopischen Romanen. Hier werden zukünftige Gesellschaftsformen geschildert als das Ergebnis utopischer technischer Leistungen. Aus den frühen Utopien, so von Thomas Morus, Francis Bacon, Tommaso Campanella, Jonathan Swift, Jules Verne, Paul Mantegazza und anderen, spricht ein optimistischer Geist. Es sind Entwürfe, wie durch Wissenschaft und technische Perfektion eine ideale Gesellschaft erreicht wird, wobei diese in der Regel in sozialistischer Verklärung, großer Gleichheit und ohne Privateigentum gesehen wird. Im 19. Jahrhundert wandelt sich der Charakter der Utopien. Warnung vor der Technik und Technikfeindlichkeit tritt an die Stelle der Hoffnungen. Man spricht daher auch von Gegenutopien.

Ein frühes, bemerkenswertes Werk dieser Art ist ›Erewhon‹ von Samuel Butler, eine geistvolle Satire auf das Maschinenwesen. 1859 erscheint von Darwin die ›Entstehung der Arten‹, und Butler wendet nun (1863) konsequent die Abstammungslehre auf die Welt der Maschinen an. In der Tech-

nik sei auf dem Wege der Evolution die neue Lebensform der Maschinen im
Entstehen, die den Menschen in Dienst nimmt und ihn zum Diener der
Maschine macht. Daß die Maschine vom Menschen abhängig sei, schließe
nicht aus, daß sie ihn beherrschen könne. Der Mensch sei ja auch von Pflanzen und Tieren abhängig und beherrsche sie trotzdem. Geistvoll werden die
Wege erörtert, wie sich die Maschinen vermehren und wie sie zu Bewußtsein kommen. Die Bewohner von Erewhon haben diese Gefahren erkannt
und vor 500 Jahren in einem Krieg zwischen Maschinisten und Antima-
schinisten alle Maschinen zerstört. Mit ironischem Humor und viel zeitkri-
tischen Anmerkungen über das Viktorianische England wird die maschi-
nenfreie Existenz von Erewhon geschildert.

Eine Utopie, die nicht mehr soviel heitere Gelassenheit verrät wie Butlers
›Erewhon‹, ist ›Der Luftkrieg‹ von Herbert George Wells aus dem Jahre
1909. Es ist ein großangelegter Roman, in dem die Idee eines Weltkrieges
vorweggenommen ist, ausgelöst durch die Verschiebung der Machtpoten-
tiale aufgrund neuer Techniken der Luftfahrt. Die Überlegenheit der deutschen Luftflotte und die Sorge vor Gegenangriffen führt zum Angriff auf
die Vereinigten Staaten. Bei der Unterwerfung New Yorks wird die Problematik der technisch spezialisierten Methoden entwickelt: die Luftflotte
kann jede organisierte Regierung zur Kapitulation zwingen, aber sie kann
die Gebiete weder entwaffnen noch halten. Daher ist die Luftkriegführung
ebenso verheerend wie entscheidungslos. Alle Staaten der Welt werden
hineinverwickelt. „Der Fortschritt war scheinbar ganz unbesiegbar über
die Erde gezogen, als könne er nie mehr stillstehen . . . es schien nur eben
ein Teil dieses Fortschritts, daß auch jedes Jahr die Kriegsinstrumente sich
mehrten und mächtiger wurden und daß die Armeen und Geschosse alles
andere an Wachstum überflügelten" (Der Luftkrieg, S. 360). So kam die
Katastrophe „und das ganze Zivilisationsgebäude neigte sich vornüber und
stürzte zusammen, zerfiel in Trümmer und schmolz dahin im feurigen
Ofen des Krieges" (a. a. O., S. 371). Nach dem Kriege geht das Leben weiter, auf einem sehr primitiven, vorindustriellen Niveau. *Es ist die Vision
einer vom Fortschritt der Technik bewirkten Weltkatastrophe, geschrieben
vor Langemarck, vor Verdun, vor der Sommeschlacht, vor Auschwitz,
Dresden und Hiroshima.* Im Rahmen der utopischen Literatur gibt es noch
zahlreiche, erschütternde Kritiken an der technischen Welt. Hingewiesen
sei nur auf Aldous Huxleys ›Schöne neue Welt‹ und auf George Orwells
›Neunzehnhundertvierundachtzig‹.

Aber diese grundsätzliche Kritik an der Technik, die das technische
Denken als solches trifft, beschränkt sich keineswegs auf die utopischen
Dichtungen. Die Mehrzahl der Philosophen und Intellektuellen sind mehr
oder weniger gegen die Technik eingestellt. Ernst Jünger schreibt in ›An der

Zeitmauer‹: „Der ungebrochene Mensch hat Wissen, doch keine Wissenschaft. Er kennt weniger die Eigenschaften der Pflanzen und Tiere als ihre Tugenden. Sie sprechen zu ihm" (Jünger, Bd. 6, S. 521). Und weiter: „Die grauenvollste Aussicht ist die der Technokratie, einer kontrollierenden Herrschaft, die durch verstümmelte und verstümmelnde Geister ausgeübt wird" (a. a. O., S. 539). In den ›Gläsernen Bienen‹ schließlich heißt es: „Menschliche Vollkommenheit und technische Perfektion sind nicht zu vereinbaren. Wir müssen, wenn wir die eine wollen, die andere zum Opfer bringen" (Bd. 9, S. 476). In seinem Buche ›Vom Ursprung und Ziel der Geschichte‹, einer weitangelegten Geschichtsphilosophie, schreibt Karl Jaspers, ein auf globalen Zusammenhang bedachter, kritischer Beobachter, über die Gegenwart: „sie ist ein katastrophales Geschehen zur Armut hin an Geist, Menschlichkeit, Liebe und Schöpferkraft, wobei nur eines, die Produktion von Wissenschaft und Technik, allerdings auch im Vergleich zu allem Früheren einzig groß ist" (S. 127). Er bezeichnet die moderne Technik als ein Verhängnis. Als ihre wesentliche Position schildert er: „Nicht Befreiung von der Natur durch Herrschaft über die Natur ist der Weg der Technik, vielmehr die Zerstörung der Natur und des Menschen selber. Ein unaufhaltsamer Gang des Tötens von Lebendigem führt zum Ende einer totalen Zerstörung. Das Entsetzen, das große Menschen angesichts der Technik von Anfang an gepackt hat, trifft visionär das Wahre" (a. a. O., S. 149). Diese wenigen Beispiele mögen das Gemeinte verdeutlichen.

Wir haben uns bemüht, die verschiedenen Quellen für die Kritik an der Technik zu analysieren. Praktisch wirken sie meist zusammen und stützen sich gegenseitig, obwohl doch recht verschiedene Motive dahinterstehen. Daher steht die Position der Ökologen, der Grünen und Alternativen auch quer zu den Parteien. Die Mischung von Konservativismus und Progressivität ist nicht ohne weiteres zwischen rechts und links einzuordnen. Der Streit um die Technik war bis vor einigen Jahrzehnten ein Thema von Professoren und Intellektuellen. Erst die Publikationen des Klubs von Rom über die Grenzen des Wachstums haben alle technisch-kritischen Argumente neu entfacht, so daß der Streit zu einer bedeutenden öffentlichen Angelegenheit geworden ist, seine politische Dimension gewonnen hat und bis zu den Grenzen des Bürgerkriegs führt. Er kann auch Wandlungen im Parteiengefüge zur Folge haben.

Die Technik führt zur Vergesellschaftung, hatten wir festgestellt. Aber sie löst nicht die Probleme der Gesellschaft. Blickt man zurück, so zeigt sich, daß sich der Mensch mit dem Instrument, das seine Existenz trägt, im Laufe der Jahrhunderte immer mehr auseinandergelebt hat, so daß er seinen Wert mißachtet und es nicht mehr recht zu steuern weiß. Intensives Fachstudium kann dieses Problem nicht lösen (S. 103 f.), weil es die Differenz zwischen dem Spezialisten und dem Bürger nur vergrößert. Die Technik hat uns zu einer globalen Einheit auf der Welt verbunden, aber geistig haben wir diese wirtschaftliche, die faktische Einheit noch nicht mitvollzogen. Wir sind heute in eine Ganzheit eingebunden, die wir aber noch nicht ausreichend verstanden haben. Angesichts der bedeutenden und gefährlichen Möglichkeiten der modernen Technik können wir den rechten Weg in der Handhabung der Zusammenhänge nur über eine Neuorientierung der zwischenmenschlichen Verständigung finden. Das ist das Problem der Gesellschaft heute.

# 3. WAS FORDERT DIE GESELLSCHAFT?

## 3.1 Der Begriff der Gesellschaft

### 3.1.1 Zur Anthropologie der Verhaltenssteuerung

Das Wort Gesellschaft ist zu einer viel verwendeten Vokabel geworden, aber über die Gesetze ihres Verhaltens wissen wir noch sehr wenig. Wir wollen hier unter Gesellschaft eine Gruppe von Menschen verstehen, die untereinander in engerem Zusammenhang stehen als mit der Umgebung. Aber wie verhält sich das einzelne Glied in diesem System und wie sind die Beziehungen der Glieder untereinander? Wir sind gewohnt, gerade die wichtigen menschlichen Entscheidungen als unvorhersehbar zu betrachten. *Um trotzdem zu wissenschaftlichen Resultaten zu kommen, haben die Gesellschaftswissenschaften das Verfahren der Naturwissenschaften übernommen:* Sie bilden Mittelwerte über ganze Gruppen von Individuen, so daß sich die individuellen Eigenheiten des Verhaltens herausmitteln und überindividuelle Strukturen als Durchschnittswerte erfaßt werden. Der Statistik verdanken die Naturwissenschaften ihre Verläßlichkeit. Günstigerweise haben sie es in der Regel mit einer großen Anzahl gleichartiger und voneinander unabhängiger Partikel zu tun, so daß gute Vorbedingungen für eine statistische Behandlung gegeben sind. Abgesehen von Sonderfällen wie in der Mikrophysik sind in der Naturwissenschaft überhaupt nur Mittelwerte von großen Mengen wahrnehmbar.

Die Statistik bei der Psychologie und den Gesellschaftswissenschaften hat es schwerer. Die Mengen, die für Teste und Prüfungen zur Verfügung stehen, sind wesentlich kleiner und stehen auch in einem viel umfangreicheren Beziehungsnetz, so daß systematische Einflüsse und Verzerrungen schwerer auszuschalten sind. Voraussetzung für die Statistik ist aber, daß die gemittelten Größen voneinander unabhängig sind. Auch ist das Versuchsmaterial so knapp und wertvoll und die Prüfungen und Testanordnungen so kompliziert, daß nicht die bei den Naturwissenschaften übliche Untersuchung der Genauigkeit und Fehlerbreite vorgenommen werden kann. Die Aussagesicherheit ist daher sehr viel geringer und die Meinungsverschiedenheiten sind größer. Trotzdem leisten die statistischen Methoden bei der Aufdeckung allgemeiner Verhaltensstrukturen gute Dienste. Aber sie haben einen großen Mangel: sie besagen nichts über Einzelfälle.

Im Gegensatz zu den Naturwissenschaften ist aber bei den Geisteswissenschaften das Verhalten der einzelnen Individuen von ausschlaggebender Bedeutung. Die Mode in bezug auf Kleidung, Haarschnitt, Einrichtung und Umgangsform kommt ja nicht als Mittelwert über den Geschmack sämtlicher Individuen zustande, sondern wenige Leute haben den Entwurf, den Einfall, und die anderen übernehmen die Verhaltensweisen. Die Ereignisse sind nicht voneinander unabhängig. In der gleichen Weise verbreiten sich Meinungen und Weltanschauungen. Der Verbreitungsgeschwindigkeit scheinen Resonanzphänomene zugrunde zu liegen, manche Ideen zünden, andere finden mühsam Anerkennung, in Jahren oder in Jahrzehnten. Jedenfalls sind der primäre Einfall und die gegenseitige Beeinflussung so stark, daß eine Statistik ganz abwegig wäre. Aber wie sind diese Prozesse dann überhaupt wissenschaftlich faßbar? Wie gehen wir normalerweise bei der Erfassung vor?

Seine Überlegenheit in der Natur hat der Mensch weitgehend seiner Fähigkeit zur Prognose zu verdanken. Verläßliche Aussagen gewinnt man aber praktisch nur mit den Methoden der Naturwissenschaft. Die Natur hält sich an die bekannten Gesetze, und durch unsere technische Arbeit haben wir sie so gut kennengelernt, daß wir nur in Sonderfällen auf unerwartete Ereignisse stoßen, und die Naturgesetze sind die sicherste Grundlage der Wissenschaft. Aus dem Streben nach Sicherheit der Erkenntnis hat sich das menschliche Denken daher stark auf die naturwissenschaftliche Methode eingestellt, und überall, wo Schwierigkeiten und Probleme heute auftauchen, wenden wir das umfangreiche wissenschaftliche Werkzeug an, um sie zu bewältigen. Man kommt dabei auch vielfach zu guten Rahmenbedingungen. So läßt sich z. B. die Bevölkerungsvermehrung für einige Jahrzehnte gut voraussagen. Im ganzen wird aber doch die Leistung der Wissenschaft für die gesellschaftliche Prognostik stark überschätzt. Das hängt damit zusammen, daß diese Prognostik auf ihrem eigenen naturwissenschaftlichen Gebiet sehr erfolgreich ist und daß wir noch keine andere besitzen. Nun spielt sich aber *die Voraussage menschlichen Handelns in einem statistisch nicht faßbaren Bereich ab. Das ist die eigentliche Ungewißheit der Zukunft.*

Kalkulierbar, berechenbar ist nur ein kleiner Teil unserer Entscheidungen, etwa wieviel Benzin ich brauche, um eine bestimmte Wegstrecke zu fahren oder wieviel Geld ich ungefähr brauche, um ein bestimmtes Haus zu bauen. Das sind mehr oder weniger naturwissenschaftlich fixierte Sachverhalte. Aber wenn ich z. B. einen Fotoapparat oder ein Buch kaufe oder ins Theater gehe, so beruht meine Entscheidung auf Mutmaßungen und Wertabschätzungen. Zu solch unsicheren Entscheidungen gehören vor allem die wesentlichen und lebensgestaltenden, etwa welchen Beruf ich ergreife, in welcher Stadt ich wohne, wen ich heirate. Sie erfolgen alle bei unzureichender Information aus dem Gefühlsraum heraus. Man kann sich bemühen, durch Voruntersuchungen den Spielraum für solche Entscheidungen einzuengen, aber es kommt auf den einzelnen Fall an, wieweit das gelingt. Natürlich muß man die Sachverhalte, zwischen denen man entscheidet, möglichst genau kennen. Aber auch bei bester Kenntnis der Gegebenheiten bleibt noch ein Spielraum offen. Er hängt von den inneren Fakten, vom Ermessen des Entscheidenden ab, von der Gewichtung der verschiedenen Risiken, von seiner Vorsicht und von seinem Mut, von seinem moralischen Ernst oder auch schlicht von seiner Disposition. Können doch selbst eigene Entscheidungen rätselhaft werden.

Nun nimmt *mit dem Fortschritt der Technik der Einfluß menschlicher Entscheidungen auf unsere Lebensbedingungen* zu. Die Probleme, mit denen wir zu tun haben, die Arbeitslosigkeit, die Inflation, der Wechselkurs, die Rüstungswirtschaft sind alle eigene Werke. Darum nehmen wir sie auch nicht als Naturgegebenheiten hin. Erdbeben, Brände und Überschwemmungen spielen demgegenüber nur noch eine geringe Rolle. In seinem Werk aber begegnet der Mensch heute sich selbst. Anders als der Bauer des Mittelalters, dessen Leben von der Natur und von seiner eigenen Arbeit abhing, ist der moderne Mensch in ein menschliches Entscheidungsnetz hineinverflochten. Energie, Verkehrsmittel, Information und vieles andere mehr stehen ihm als Hilfsmittel zur Verfügung, aber sie sind alle Menschenwerk und sind, anders als das reifende Korn, durch menschliches Verhalten bestimmt. Daher bekommt die Vorhersehbarkeit, das Verständnis menschlichen Verhaltens eine immer wachsende, ja eine lebensentscheidende Bedeutung.

Aus diesem Grunde wird der Prognostik größte Aufmerksamkeit gewidmet, Wirtschaftsinstitute und Sachverständigengremien machen umfangreiche Vorausschätzungen. Die Futurologie als Wissenschaft von der Zukunft hat zahlreiche Methoden entwickelt. Man spricht heute nicht mehr von Prognosen, sondern von Szenarien, das sind mögliche Ereignisabfolgen, die unter bestimmten Voraussetzungen eintreten. Solche Szenarien lassen sich mehr oder weniger genau berechnen, bei ihnen wird ja gerade das Unvorhersehbare ausgeschlossen, und daher ist ihre Ermittlung zur Klärung der gegenseitigen Abhängigkeiten sehr nützlich. Aber welches der verschiedenen Szenarien zum Tragen kommt, welche Voraussetzungen zutreffen werden, darüber sagen sie gerade nichts aus. *Alle Wissenschaft von der Zukunft benutzt die bekannten Gesetzmäßigkeiten der Vergangenheit* und extrapoliert und kombiniert sie. Veränderungen wie ein Wandel, wie ein Umschlag der Werturteile können nicht einkalkuliert werden. Gelingt doch schon die Vorausschätzung der Börsenkurse äußerst schwer.

Selbst bei der Beurteilung der Börsenreaktion auf bekannte politische Ereignisse kann man sich sehr täuschen. Es kommt vor, daß ungünstige Ereignisse „vorweggenommen" werden, wie man sagt, und daß sie bei ihrem Eintritt gerade Mut auslösen, weil sie nun vorbei sind. Die Futurologie wird heute entsprechend ihrer realen Dringlichkeit mit großem Aufwand betrieben, aber die Pessimisten sagen, daß sie deswegen keineswegs verläßlichere Aussagen liefert.

In dieser bedrängenden Situation stellt sich die Frage: Wie kommt es, daß menschliche Entscheidungen so sehr viel weniger vorhersehbar sind als das Naturgeschehen? Gewiß ist der Mensch sehr viel komplizierter veranlagt, aber schließlich ist er doch ein Kind der Natur. Wieso kommt es zu dem scharfen Bruch, wieso kann es zu dem Urteil kommen, daß menschliches Verhalten grundsätzlich nicht voraussehbar sei, und in welchem Umfang besteht ein solches Urteil zu Recht? Um in dieser Fragestellung weiterzukommen, wollen wir auf die *Anthropologie, auf die Physiologie der menschlichen Verhaltenssteuerung zurückgreifen*. Wir müssen die Wege verfolgen, wie es der Evolution gelungen ist, die Organismen an die Natur anzupassen. Die Kybernetik hat uns ein Begriffsmaterial zur Verfügung gestellt, mit dessen Hilfe wir die Zusammenhänge verdeutlichen können. Während die Störgrößen, die die Regelungen technischer Prozesse beeinflussen, sich auf einen engen Bereich einengen lassen, sind die Einwirkungen der Umwelt auf einen Organismus äußerst vielgestaltig, sie umfassen ja die gesamten Wechselfälle des Lebens. Um diese Vielfalt zu bewältigen, ist in der Regel nur ein Programm, nur eine Marschroute unzureichend, es bedarf vielmehr der Alternativprogramme, die verschiedene und entgegengesetzte Tendenzen verfolgen und sich gemäß den äußeren Gegebenheiten gegenseitig ablösen. Das ist das Prinzip der bipolaren Steuerung, das wir im folgenden betrachten wollen.

Ein einfaches Beispiel bietet bereits die *Temperaturregelung des Körpers*. An der Körperoberfläche sitzen Fühler, Rezeptoren, Nervenzellen, die in Abhängigkeit von der Temperatur erregt werden und diese Erregung in Form elektrischer Impulse durch die Nervenfasern zu einem Zentrum im Hypothalamus leiten. Nun gibt es bemerkenswerterweise sowohl ein Zentrum für das Wärmegefühl wie für das Kältegefühl, und auch bei den Rezeptoren handelt es sich entweder um Wärme- oder um Kälterezeptoren. Die Wärmerezeptoren beginnen mit 25° Impulse zu senden, die Frequenz steigt mit der Temperatur und erreicht bei 48° ihren Höhepunkt. Die Kälterezeptoren beginnen bei 40° mit einer Frequenz von einigen Impulsen pro Sekunde, steigern aber diese Frequenz mit fallender Temperatur bis auf 100/s bei 15° bis 20°. Wärme- und Kältezentrum erhalten auch noch Temperaturinformationen aus dem Körperinneren. Sie liegen im Hypothalamus nahe beieinander, das Kältezentrum mehr vorne, das Wärmezentrum mehr rückwärts und nach unten geneigt. Die Lokalisierung der Zentren gelingt durch künstliche Reizung von Hypothalamusfasern. Diese Schaltung mit zwei Zentren nennt man also bipolar. Sie zeigt, daß *Kälte nicht nur fehlende Wärme ist, sondern daß Kälte und Wärme je ihre eigene Qualität haben, daß die Qualitäten aber insgesamt noch gegeneinander geschaltet sind.* Durch die Kompensation der entgegengesetzten Komponenten wird das Gleichgewicht eingestellt.

Die bipolare Schaltung ist keineswegs auf die Temperaturregelung beschränkt, sie ist vielmehr *ein Merkmal aller autonomen, organismischen Steuerungen.* Ein wichtiges Beispiel ist die Regelung des Blutzuckerspiegels. Der Zucker im Blut ist der Nähr- und Brennstoff für den Umsatz im Gewebe und die Leistung der Muskeln, dessen Verbrauch durch wechselnde interne und externe Beanspruchung wie Aufrechterhaltung der Körpereigentemperatur, Verdauungstätigkeit und körperliche Arbeit bestimmt ist. Produziert wird er in der Leber, und um den Spiegel konstant zu halten und die Nachlieferung dem wechselnden Bedarf anzupassen, ist das Zusammen- und Gegeneinanderspiel einer ganzen Reihe von Hormonen erforderlich. Steigernde Hormone sind das Adrenalin, Glukogen und Thyroxin, blutdrucksenkendes Gegenglied ist vor allem das Insulin.

Auch das Atemzentrum ist bipolar unterteilt in ein Inspirationszentrum und ein Exspirationszentrum. Es hat die Aufgabe, das Blut mit dem für den Umsatz erforderlichen Sauerstoff zu versorgen und das Umsatzprodukt, die Kohlensäure, daraus zu entfernen. Informiert wird es vor allem von Chemorezeptoren, die sich im Carotissinus, im Bogen der Halsschlagader befinden und von denen die eine Gruppe die Sauerstoffkonzentration, die andere die Kohlensäurekonzentration meldet. Darüber hinaus ist das Atemzentrum eng verkoppelt mit allgemeinen körperlichen Erregungszuständen. Der Blutdruck hängt an den Blutdruckzüglern. Die beiden Zentren für Steigerung und Senkung des Blutdrucks in der Medulla oblongata werden von Pressorezeptoren informiert, die sich auch im Carotissinus befinden, wobei die Spannung der Halsschlagader als Gegenzügel funktioniert.

Alle wichtigen Körperzustandsgrößen, Atmung, Blutdruck, Blutzukker, Körpertemperatur, Wasserhaushalt, Körpergewicht, Bevorratung mit essentiellen Nahrungsmitteln und der in den Gefäßen für den Kreislauf maßgebliche Tonus werden in dieser Form kurz- wie langfristig bipolar geregelt, sie halten sich als Zustandswerte in der Schwebe zwischen Gegensätzen. Dabei sind alle Regelsysteme eng miteinander verbunden. Infolge dieser Vermaschung ergibt sich für den Organismus als Ganzes eine bipolare Steuerung, die man als den Antagonismus des vegetativen Nervensystems bezeichnet. Zwei Gruppen von Nerven, das sympathische und das parasympathische System, stehen sich gegenüber und ebenso zwei Gruppen von Hormonen (siehe Tabelle).

Es zeigt sich nun weiterhin, *daß die beiden gegeneinanderstehenden Systeme sich nicht symmetrisch entsprechen,* daß sie also nicht nur das Gleichgewicht halten, sondern daß darüber hinaus noch jedes seine eigene Funk-

### Antagonistische Steuerung des vegetativen Systems

| Organe | Sympathicuserregung | Parasympathicuserregung |
|---|---|---|
| Steuerungszentrum | ergotrope Zone im lateralen Bereich des Hypothalamus | trophotrope Zone im zentralen Bereich des Hypothalamus |
| Herz | Beschleunigung Kontraktion | Verlangsamung |
| Coronargefäße | Dilatation | Kontraktion |
| Gefäße allgemein | Kontraktion | Dilatation |
| Muskeln | Kontraktion – Dilatation | – |
| Pupillen | Erweiterung | Verengung |
| Bronchien | Erweiterung | Verengung |
| Ösophagus | Erschlaffung | Verengung |
| Magen, Darm, Peristaltik | Hemmung | Anregung |
| Leber | Depotabbau | – |
| Blase | Urinretention, Hemmung des Detrusors, Erregung des Sphinkters | Urinentleerung, Erregung des Detrusors, Hemmung |
| Genitalien | Vasokonstriktion | Vasodilatation, Erektion |
| Pankreas | Hemmung | Anregung |
| Schilddrüse | Anregung | Hemmung |
| Schweißdrüsen | Anregung, Sekretion | – |
| Tränendrüsen | – | Anregung, Sekretion |
| Speichel | wenig, zäh | viel, dünnflüssig |
| *Funktionen* | | |
| Stoffwechsel | Steigerung der Dissimilation | Steigerung der Assimilation |
| Blutdruck | Anstieg | Abfall |
| Blutzucker | Anstieg | Abfall |
| Kerntemperatur | Anstieg | Abfall |
| Wärmeabgabe | Erniedrigung | Erhöhung |
| *Erregungsmittel* | | |
| | *Sympathicomimetica* | *Parasympathicomimetica* |
| | Adrenalin | Acetylcholin |
| | Corbasil | Muscarin |
| | Sympathol | Histamin |
| | Ephedrin | Pilocarpin |
| | Pervitin | Physostigmin |
| | Coffein | Prostigmin |
| *Lähmungsmittel* | | |
| | *Sympathicolytica* | *Parasympathicolytica* |
| | Ergotamin | Atropin |
| | Ergotaxin | Scopolamin |
| | Yohimbin | Homatropin |

tion hat. Die Sympathikuserregung steigert die Bewußtseinshelligkeit, mobilisiert Herz, Kreislauf und sinnliche Wahrnehmung. Blutdruck und Blutzucker werden erhöht, die Depots in der Leber abgebaut, die Wärmeabgabe nach außen gedrosselt und der gesamte Organismus unter Inanspruchnahme der Reserven auf Leistung gebracht. Das ist die der Arbeit zugewandte, die ergotrope Phase. Was während der Sympathikuserregung verbraucht wird, wird in der parasympathischen Phase regeneriert und wieder herbeigeschafft. Das Herz schlägt im Schongang, das aktivitätssteigernde Hormon Adrenalin wird abgebaut, und der Organismus gleitet in einen dämmerähnlichen Zustand der Restitution und des pflanzenähnlichen Wachstums. Das ist die der Ernährung zugewendete, trophotrope Phase. Und da die Antagonisten sich nicht nur gegenüberstehen, sondern auch in dieser sich ergänzenden Form zusammenarbeiten, nennt man sie auch Synergisten. Wir haben *hier die physiologische Grundlage der Komplementarität unmittelbar vor Augen.*

Niels Bohr hat den Begriff der Komplementarität in die Naturwissenschaften eingeführt, um den Gegensatz von Welle und Korpuskel zu charakterisieren. Er definiert wie folgt: „Unter bestimmten einander ausschließenden Versuchsbedingungen gewonnene Aufschlüsse eines und desselben Objektes jedoch gemäß einer häufig in der Atomphysik angewandten Terminologie können als komplementär bezeichnet werden, da sie, obgleich ihre Beschreibung mit Hilfe alltäglicher Begriffe nicht zu einem einheitlichen Bilde zusammengefaßt werden kann, doch jeder für sich gleich wesentliche Seiten der Gesamtheit aller Erfahrungen über das Subjekt ausdrückt, die überhaupt in jenem Gebiet möglich sind." An anderer Stelle betont er den Ergänzungscharakter der sich ausschließenden Vorstellungen noch schärfer: „Die Vorstellungen müssen in diesem Sinne als komplementär betrachtet werden, daß sie gleichermaßen wesentliche Kenntnis über atomare Systeme darstellen und in ihrer Gesamtheit diese Kenntnis erschöpfen" (Niels Bohr, Atomphysik und menschliche Erkenntnis, S. 26, 75). Zur Verdeutlichung seines Begriffes der Komplementarität weist Bohr darauf hin, daß es bei der Selbstbeobachtung ganz unmöglich sei, scharf zwischen den Phänomenen selbst und ihrer Erfassung zu unterscheiden, daß wir, wenn wir unsere Gefühle zu analysieren versuchen, sie nicht mehr besitzen. Ursache der Komplementarität ist nach Bohr, daß wir den Prozeß in seiner Ganzheit nicht erfassen, sondern uns ihm immer nur von einer Seite nähern können (Bohr, Atomphysik und menschliche Erkenntnis II, S. 2 ff.). In der Mikrophysik ist dieses Phänomen in Erscheinung getreten, weil, anders als in der Makrophysik, angesichts der Subtilität der Prozesse *die Beobachtung ein nicht mehr zu vernachlässigender Eingriff in den Prozeß darstellt.*

Die komplementären Gegensätze, die genauestens aufeinander abgestimmt sind, ergänzen sich nicht nur, *sondern sie fordern sich auch gegenseitig heraus und bringen sich hervor.* Vom Wachsein wird man müde und vom Schlafen wird man wach. Die Erholung steigert die Appetenzen und setzt die Schwellenwerte für die Reizempfindlichkeit herab. Die Antagonisten halten nicht nur ein Gleichgewicht, sondern haben auch eine dynamische Tendenz. Ein gutes Beispiel sind die komplementären Farben. Farben nennt man komplementär, wenn sie sich nicht mischen lassen, sondern zu Weiß ergänzen wie Rot und Grün oder Gelb und Blau. Es gibt keinen rotgrünen oder gelbblauen Zwischentöne. Dabei hat jeder Farbton von der Vielfalt des Spektrums nur einen ganz bestimmten komplementären. So lassen sich Rot und Blau, die nicht komplementär sind, sehr wohl mischen und ergeben Violett. Man kann die Komplementarität einfach feststellen, wenn man die Farben auf einem Kreis zusammenstellt, den man dreht, so daß sie miteinander verschmelzen. Sind sie komplementär, so verschwinden sie bis auf das Grau des Untergrundes. Aber die Gegensätze ergänzen sich nicht nur, sondern provozieren sich auch. Werden die Zellen der Netzhaut von rotem Licht getroffen, so werden die Nachbarzellen mit umgekehrten Vorzeichen gereizt, man nennt das laterale Inhibition. Der Erfolg ist, daß in einem Phantomeffekt ein rotes Feld eine grüne Kante bekommt. Rot und Grün sind eine Ganzheit, die aus Gegensätzen besteht. In diesem einfachen Falle kennen wir im Auge die Schaltung, die mit dem Phantomeffekt zur Ganzheit führt.

Nun fragt es sich: Warum ist diese komplizierte Schaltungsweise von der Evolution herausgezüchtet worden, welchen biologischen Vorsprung leistet sie? Auf zwei Vorteile sei hingewiesen.

1. *Zwei Kräfte, die gegeneinander gespannt sind, halten das Gleichgewicht fester im Griff.* Gibt es nur eine rücktreibende Kraft, so geht diese im Gleichgewicht asymptotisch gegen Null. Bei kleinen Abweichungen ist sie entsprechend klein, wie bei einer Kugel, die sich am tiefsten Punkt einer runden Schale befindet. Aber der Antagonismus sichert nicht nur das Gleichgewicht, sondern gestattet es auch, *große Kraftreserven, die sich gegenseitig kompensieren, im Bereitschaftszustand zu halten.* Die schnelle Mobilisierung von Kräften ist für biologische Systeme angesichts ihrer vielseitigen Beanspruchung lebenswichtig. Eine Katze, die aus der Lauer zum Sprung ansetzt, verzwanzigfacht ihren Sauerstoffbedarf. Die Bipolarität erlaubt im Ruhezustand die angespannte Erregung und Aufmerksamkeit.

2. Insbesondere bietet aber die bipolare Schaltung den Vorteil, daß die Unterprogramme der beiden eigenständigen Steuerungssysteme verschieden ausgestaltet sein können, so daß, wenn durch Einfluß von außen ein Regelbereich überschritten wird, das System *bis in die Programmeinzel-*

*heiten über Alternativen verfügt.* Das ist für die allseitige Anpassung an wechselnde Gegebenheiten von unschätzbarem Vorteil. Im Laufe der Entwicklung hat der Mangel an Flexibilität oft genug zum Artentod geführt. W. R. Ashby hat insbesondere dargestellt, daß erst die Alternativprogramme den Organismen bei universeller äußerer Beanspruchung das Überleben sichern und die Stabilität ermöglichen (W. Ross Ashby, Design for a Brain, London 1960, S. 80 ff.). Die verschiedene Ausgestaltung der Antagonisten ermöglicht ferner die Funktionsergänzung im Pendelprozeß. Spitzenleistungen sind ja von großer Bedeutung, aber sie brauchen nicht dauernd geleistet zu werden. *Das Pendeln zwischen verschiedenen Programmen ist eine Arbeitsteilung in der Zeit,* die den Wechsel von höchster Aktivität zu größter Ruhe gestattet. Diesem Umstand verdankt der Rhythmus seine große biologische Bedeutung, die Frequenz des Herzens, der Rhythmus des Atmens, Wachen und Schlafen, ergotrope und trophotrope Phase sowie die großen Rhythmen des Wachstums und der Entwicklung sind Beispiele. Die Antagonisten müssen sehr genau auf die Funktion der gegenseitigen rhythmischen Ergänzung eingestellt sein.

Die Betrachtung der physiologischen Verhaltenssteuerung zeigt, daß diese nach einem durchaus anderen Prinzip verläuft als das logische Schließen, *da bei dem Wandel des Programms die Prämissen ausgetauscht werden. Der Wechsel bedeutet immer auch ein Wandel der Werte.* Das Appetitzentrum ordnet der Nahrung einen hohen Wert zu, das Sättigungszentrum einen geringen. Wie sollen wir bei solchem Wandel der Werte zu Verhaltensprinzipien kommen? Wir müssen uns fragen, was uns von der physiologischen Steuerung zum Bewußtsein kommt. Es ist überraschend wenig. An den Wechsel der alltäglichen Bedürfnisse von Wachen und Schlafen, von Hunger und Sättigung haben wir uns gewöhnt, und wir betrachten das als reine Körpereigenschaften. *Aber offenbar unterliegen auch unsere Meinungen und Ideen bipolaren Einflüssen.* Die Hormone, die wörtlich die Antreiber heißen, wirken stark auf die innere Gestimmtheit, auf die Emotionen, auf die Affektivität. Kein Werk, das mit Leidenschaft betrieben wird, keine Rede, die mit Begeisterung gesprochen wird, ist frei von diesem Einfluß. Aber – und das ist entscheidend – wir merken wenig, daß die Antriebe, die ganze Emotionalität, aus der heraus wir leben, ein Saldo von Gegensätzen sind. Der Schaltungsmechanismus bleibt uns verborgen. Es ist eine Regel, daß von dem, was sich in uns ereignet, immer nur das Ergebnis zum Bewußtsein kommt. Wenn wir einen Apfel gegessen haben, wissen wir auch nur, wie er geschmeckt hat und wie er bekommen ist. Die komplizierten Stufen seiner Umwandlung in Magen und Darm verlaufen völlig unbewußt. Und auch wo die Einfälle herkommen, die, wie schon das Wort sagt, ein-fallen, können wir nicht sagen, wir können zwar Hypothesen aufstellen, aber jedenfalls können wir sie nicht voraussagen, sondern müssen warten, bis sie da sind. So spüren wir also in der Regel auch nicht, daß unser Wunsch und Wille und unsere Meinung und unsere Prinzipien das Ergebnis entgegengesetzter Antriebe sind. Es ist ähnlich wie bei den demokratischen Regierungen, bei denen derjenige, der die Mehrzahl der Stimmen hat, für das Ganze steht und die Opposition in den Hintergrund gedrängt wird. Aber sie fällt doch nicht ganz unter den Tisch. Es ergeben sich Stimmverschiebungen, und bei der nächsten Wahl kann sie gewinnen. Dann kommt es zu grundsätzlichen Verhaltensänderungen des Staates, die aus dem vorangegangenen Zustand nicht mehr gefolgert werden können. Entsprechende Umbrüche in den persönlichen Prinzipien hat wohl jeder nachdenkliche Mensch erlebt. Wir geben uns dann zumeist die größte Mühe, unsere logische Identität wiederherzustellen, da es nicht leicht ist, einen tiefgreifenden Gesinnungswandel sittlich zu rechtfertigen.

Wir verdrängen die Umbrüche, da die logische Geschlossenheit des Verhaltens ein fundamentales Prinzip menschlichen Zusammenlebens ist. Die Kodifizierung des Rechts, die Gültigkeit der Verträge beruht darauf. *Pacta sunt servanda* heißt der alte Spruch des Naturrechts. Dem Fluß der Zeit stellt die kulturelle Entwicklung das Bleibende in Form des Wortes gegenüber. Es gibt keine Gesellschaft, die ohne den Eid auskommt, ohne die Zusage, das Wort zu halten. Auch die Organisationen der Gangster verfahren hier sehr streng. Aber das ist nicht nur ein organisatorisches Prinzip. Wir beurteilen auch den menschlichen Charakter nach seiner Verläßlichkeit, inwieweit er zu seinem Worte steht, inwieweit er eindeutig ist. Der Glaube, die Überzeugung von der Konstanz der Werte ist aus unserem ethischen Verhalten nicht wegzudenken.

*Trotzdem ist das geheime Bewußtsein von der Ambivalenz der Werte ältestes Kulturgut.* Das chinesische Orakelbuch ›I Ging‹ setzt die Einheiten der Welt wie schöpferisch und empfangend, hell und dunkel, hart und weich, Himmel und Erde, Mann und Frau aus den beiden Ursymbolen des Gegensatzes Yin und Yang polar zusammen und liefert in Form von Sechserkombinationen der Yin- und Yangzeichen 64 Grundsymbole, da zwei Zeichen in Sechserfolgen 64 Kombinationen ergeben, $2^6 = 64$. Das Andachtsbuch hat eine große Rolle in der chinesischen Philosophie gespielt und immer wieder aufs neue zu Interpretationen herausgefordert. Die Polarität ist im chinesischen Denken lebendig geblieben. Auch die griechischen Götter sind polare Gestalten. Apollo, der strahlende Gott mit den Pfeilen des Lichts, sendet auch die Pest in das Lager der Griechen. Die großen Heiligen haben den Umbruch erlebt. Augustinus, Franziskus waren vor ihrer Bekehrung „andere Menschen". Der Umbruch des Paulus auf dem Ritt nach Damaskus hat die Weltgeschichte verändert. Aber auch die

Geschichte der Wissenschaft vollzieht sich nicht anders. Thomas S. Kuhn hat dargelegt, wie es Leitvorstellungen, Erklärungsmodelle, Paradigmen gibt, denen gemäß die naturwissenschaftlichen Sachverhalte verstanden werden. Für Aristoteles war die Natur das Gebärende und Wachsende, für Descartes war sie ein Mechanismus, eine Maschine. *Das ist ein Umschlag der Sichtweise, der durch keine logische Brücke vermittelt ist.* Hegel hat das dialektische Prinzip von Thesis und Antithesis am Gang der Geistesgeschichte dargestellt. Wilhelm Pinder hat in seinem Buch ›Das Problem der Generation in der Geistesgeschichte Europas‹ sehr detailliert den antithetischen Stilwandel im Gang der Kunstgeschichte aufgewiesen.

Und schließlich, unsere gesamte Romanliteratur schildert die Gegensätze von Gesinnungen, die in Umbrüchen und Revolutionen hervortreten. Was hier in sorgfältigen Analysen von Denken und Handeln beschrieben wird, entspricht nicht der Arbeit der Philosophen, die so oft das Universum als logisch geschlossenes System darstellen. Bei der Romanlektüre empfinden wir die Figuren, die sich eindeutig und logisch verhalten, die entweder nur gut oder nur böse sind, als konstruiert, als unnatürlich, als falsch. *Der logische Bruch im Verhalten wird praktisch als Zeichen der Lebenswahrheit verstanden.* Der Begriff des Tragischen, demgegenüber die Philosophie fast hilflos ist, beherrscht die schöne Literatur, er ist ein künstlerisches Mittel, das geradezu den Bruch mit der Logik bezeichnet, die Tatsache, daß der Held untergehen muß, eben weil er gut ist, oder daß ein Verhalten, das allen Geboten der Ethik widerspricht, doch das eigentlich gute ist. Der englische Physiker John Ziman schreibt in seinem Buch ›Wie verläßlich ist die wissenschaftliche Erkenntnis?‹: „Der Dichter artikuliert die universellen Elemente in unserem Gefühlsleben und lehrt uns über die Menschheit mehr als jede formale Theorie." Für die Suche nach verläßlicher Erkenntnis über die Psychologie der Beziehungen der Geschlechter empfiehlt der Autor, der kein Romantiker, sondern ein skeptischer Wissenschaftler ist, kein Psychologiebuch, sondern die Lektüre von Anna Karenina und Madame Bovary (a. a. O., S. 151). Die Beispiele lassen sich uferlos vermehren.

*Der Gegensatz zwischen der Eindeutigkeit der logisch geschlossenen Aussage und der durch die Polarität bedingten Vieldeutigkeit der Werte ist das große Problem der Ethik.* Wir suchen kodifizierbare Vorschriften für das menschliche Verhalten, aber gleichzeitig ist der Kampf gegen die Worte uralt. Die Vorschrift „Du sollst dir kein geschnitztes Bild machen" bezieht sich nicht nur auf die anschaulichen Darstellungen, sondern auch auf die Vorstellungen davon. Das Problem des Bilderstreites gibt es nicht nur im Christentum. Jesus spricht zum Teil in paradoxen Gleichnissen. „Du gebrauchst harte Worte", sagen seine Jünger. Wie zu leben ist, läßt sich nicht lehren, sondern nur zeigen. Daher steht das Gebot der Nachfolge Christi über aller Lehre. Auch Buddhas Anweisungen sind gleichnishaft und paradox. *Der Kampf gegen das Wort spielt in der gesamten religiösen Tradition eine bedeutende Rolle.* Offenbar ist unsere gewohnte Sprache, die für die naturwissenschaftliche Erkenntnis so gut geeignet ist, gar nicht in der Lage, ethische Regeln adäquat auszudrücken. Die ethische Forderung nach Eindeutigkeit des Verhaltens führt dazu, den Kampf der Gegensätze zu verdrängen. Aber in der tieferen, härteren Selbstreflexion spüren wir die Ambivalenz unserer Gefühle, spüren, daß jede Liebe Haß enthält und jeder Haß Liebe. Solche Erfahrungen können sich bis zu krankhafter Zerrissenheit steigern, die Verhaltensstabilität geht verloren, man weiß nicht mehr, was man will und wer man ist.

Fassen wir den Abschnitt zusammen. Die Frage lautete, warum es soviel schwerer ist, menschliches Verhalten vorherzusehen als den Ablauf von Naturprozessen. Der Grund ist, daß die Evolution bei den Organismen mit Hilfe des zentralen Nervensystems eine bipolare Schaltung herausgezüchtet hat, die eine Reihe von biologischen Vorteilen hat, vor allem aber die Flexibilität der Anpassung fördert, indem sie den Individuen mehrere, auch in der Grundausrichtung gegensätzliche Verhaltensprogramme zur Verfügung stellt, so daß sie, wenn ein Regelbereich überschritten wird, auf einen anderen umstellen können. Dieser Mechanismus führt aber im geistigen Leben zu den größten Schwierigkeiten, *da die normale Prognose menschlichen Verhaltens nur im Rahmen eines einzigen Programms, eben unter Voraussetzung fester Prinzipien möglich ist.* Was ist nun das Gute, an das man sich halten soll: die logische Identität der Person als Selbstfindung, als Basis der Verläßlichkeit, des Sich-treu-Bleibens oder der geistige Umbruch, der die Voraussetzung jedes Wachstums überhaupt ist? Oder können wir noch nach einem dritten suchen? Die Philosophie des Wachstums ist eine Grundfrage der Ethik und jeder Gesellschaftslehre und daher auch der Ökologie. Bevor wir aber dieses Problem weiterverfolgen, müssen wir uns zunächst näher mit dem Menschen als gesellschaftlichem Wesen befassen.

## 3.1.2 Der Mensch als gesellschaftliches Wesen

Das Nachdenken über die Natur des Menschen führt über die Selbstreflexion, über die Vergegenwärtigung der eigenen Möglichkeiten und Zwänge. Kant nennt als die Grundfragen der Philosophie: Wo kommen wir her, was sollen wir tun, was dürfen wir hoffen? Da kommt der Begriff der Gesellschaft noch nicht vor. In der abendländischen Geistesgeschichte hat sich die Betrachtung vom Ich her als Ausgangspunkt weitgehend durchgesetzt. Aber das Seelenheil als Ziel der Ethik ist schon ein recht privates Anliegen. Mit der Säkularisation ist daraus der viel verwendete Begriff der Selbstverwirklichung entstanden. Über Kant, Fichte, Hegel, Feuerbach und Marx ist der Mensch schließlich zum Schöpfer seiner eigenen Existenz geworden (Sachsse, Anthropologie der Technik, S. 180 ff.). *Der Mensch hat sich emanzipiert, und ein anderer Maßstab als der Wille der Individuen ist nirgends zu finden.* Unsere Schulerziehung ist auf dieses Ziel ausgerichtet. Die öffentliche Meinung, wie sie auch in den Medien zum Ausdruck kommt, trägt unverkennbar egozentrische Züge, die letztlich im Hedonismus enden. Die Selbständigkeit gilt als das höchste Gut.

Bei solcher Mentalität tun sich die Gesellschaftswissenschaften schwer, zu einem fruchtbaren Begriff von Gesellschaft zu kommen. Wie läßt sich, von solchen Grundlagen ausgehend, das Kernproblem jeder Gesellschaft, die zwischenmenschliche Verständigung auch nur in den Griff bekommen? Es hat eine Übersteigerung des Individualismus stattgefunden, so daß der Gesellschaft nur noch eine dienende Funktion geblieben ist. Und auch die umgekehrte Entwicklung, die statt des Individuums das Kollektiv an die Spitze stellt, löst das Problem Individuum–Gesellschaft nicht. Denn zwischen Individuum und Gesellschaft besteht kein sich ausschließender Gegensatz und auch keine Form der Unterordnung, sondern es sind sich gegenseitig bedingende Begriffe: Ohne Individuum gibt es keine Gesellschaft, und ohne Gesellschaft gibt es keine Individuen. Zwischen beiden besteht *die enge Beziehung der komplementären Gegensätze aufgrund gegenseitiger Ergänzung* (S. 84).

Die Form der Lebensgemeinschaft als Gesellschaft stammt aus dem Tierreich (Sachsse, Was ist Sozialismus, S. 10 ff.). Durch seine Fähigkeit zum individuellen Lernen sowie zum Ausdruck und zur Weitergabe des Gelernten ist der Mensch recht eigentlich zum Gesellschaftswesen, zum *animal sociale* geworden. Das ist ebenso eine Chance wie ein Zwang, es bedeutet nicht weniger, als daß der Mensch die in seiner Natur liegenden Möglichkeiten nur in Gemeinschaft verwirklichen kann. Er bekommt von seinem Mitmenschen ebenso Hilfe, wie er auf ihn angewiesen ist. Die Sprache, die nur auf dem Wege der Mitmenschlichkeit erworben werden kann, ist eine entscheidende Stufe bei der Entwicklung des Gehirns, und er ist ohne Sprache, ohne Mitmenschlichkeit schon physiologisch nicht lebensfähig.

In den ersten Lebensjahren und mit der Erlernung der Sprache bildet sich in der Interaktion mit dem Gegenüber die Natur eines jeden Menschen aus seiner Veranlagung heraus, und man darf bei diesem Prozeß nicht den Einfluß der Gegenwirkung übersehen, der Wirkung des Widerstandes, an dem der Charakter sich bildet. Piaget hat den Prozeß der Bewußtwerdung des Ich vielseitig untersucht und beschrieben (Piaget, Abriß der genetischen Epistemologie, S. 35 ff.). Das Neugeborene kennt keine Grenzen zwischen innen und außen, und die einzelnen Körperteile reagieren selbständig auf äußere Reize ohne zentrale Koordination. Mit 18 bis 24 Monaten ereignet sich, wie Piaget es nennt, eine kopernikanische Wende: *das Subjekt beginnt sich als Ursprung und Beherrscher seiner Bewegungen zu begreifen.* Das Kind lernt, daß seine Hand etwas anderes ist als die Brust der Mutter, weil es seine Hand aufgrund seines Willensimpulses bewegen kann, die Brust der Mutter aber nicht. An der Reaktion des Gegenübers wird die notwendige Reihenfolge der eigenen Handlungen gelernt und koordiniert, der Zusammenhang von Ursache und Wirkung wird erfahren, und es bilden sich aus diesem Wechselspiel die Haltungen von innen und außen, von Subjekt und Objekt heraus, die schließlich zu den Begriffen Individuum und Gesellschaft führen.

Eine Selbstverwirklichung des einzelnen gibt es genaugenommen nicht, da immer das Empfangene, ein Stück des überindividuellen Systems mit verwirklicht wird. Selbstverwirklichung kann es nur in bezug auf die Menschheit als Ganzes geben, dem jeder einzelne nur als notwendiges, aber nicht als hinreichendes Glied angehört. Und *je individueller der einzelne ist, um so notwendiger und wertvoller ist er für das Ganze, um so notwendiger bedarf er aber auch des Ganzen, um existieren zu können.* Doch dieses Ganze, von dem er abhängt, dieses überindividuelle System, kann er nicht fachkompetent verstehen, da es aus außerordentlich vielen, anders spezialisierten Individuen besteht. Daher ist es die schwierige menschliche Aufgabe, einem Gegenüber, von dem man abhängt, zu dienen, obwohl man es fachlich nicht erfassen kann. Die Frage, wie ein optimales gegenseitiges Verständnis der Menschen möglich ist, muß daher das fundamentale Problem jeder Gesellschaftslehre sein. Heute ist diese Frage besonders aktuell, da das zwischenmenschliche Verständnis in eine Krise geraten ist.

Mit dem Gang der Entwicklung wird dieses Verständnis offenbar immer schwerer, da Entwicklung Spezialisierung ist, die die Menschen voneinander entfernt. Den ersten großen Schub der Arbeitsteilung und Spezialisierung bringt die neolithische Revolution (S. 2), es bilden sich äußerst verschiedene Tätigkeiten, Stände und Berufe heraus, das Eigentum, der Besitz des Landes bekommt seine gesellschaftliche Bedeutung. Bei allem führt die Technik zu einer Vergrößerung der zwischenmenschlichen Differenzen. Wer die Technik besitzt, ist dem Unkundigen überlegen, und er verheimlicht sein Wissen, um seine Überlegenheit zu behalten. Hier wurzelt das alte Mißtrauen gegenüber der Technik, das dazu geführt hat, daß das griechische Wort *technao*, künstlich verfertigen, auch die Bedeutung von heucheln, sich verstellen angenommen hat. Macht ist auch immer Versuchung zum Mißbrauch. Bis weit in die Zeit der Agrarhochkulturen spielte die Wehr- und Waffentechnik die maßgebende Rolle für die Entwicklung der Technik, und die Unterschiede im militärischen Wissen sind Ursache für manche Kriege gewesen.

Schutz in solcher Situation war es, die Unterlegenheit im Wissen zu vermeiden. Paß auf, war das Motto, laß dich nicht betrügen. Zur Zeit der Agrarhochkulturen war das ein gangbarer Weg, da die technischen Methoden noch einfach und anschaulich waren. Das Handwerk und die Kriegsmaschinen boten sich dem Auge dar, und das Gesehene ließ sich nachmachen. Daher ließ sich auch in der Politik und im Krieg die Stärke eines Landes aufgrund seiner Größe, seiner Bevölkerungszahl und seiner technischen Kenntnisse brauchbar einschätzen. Solche Konkurrenzlage für das Wissen ist gleichzeitig ein mächtiges Motiv für den Erwerb des Wissens, da niemand hinter dem anderen zurückbleiben will. Das hat zu der intensiven Steigerung der modernen Forschung geführt.

Aber diese Methode hat, wenn man vom vertrauten Kreis von Freunden und Bekannten absieht, einen reservierten und abwartenden Umgang zur Folge gehabt, hat zu vorsichtiger Beurteilung und zu primärem Mißtrauen geführt. Obwohl die Menschen mit der Entwicklung der Technik in der Arbeitsteilung, der Zusammenarbeit und der Organisation der Hilfsmittel stärker einander bedürfen, hat doch eine Lockerung und Abkühlung der zwischenmenschlichen Beziehungen im Vergleich zu den frühen, primitiven und harmonischen Gesellschaften stattgefunden.

Mit der Entwicklung der modernen Technik *stößt dieser Weg des Nachmachens und Mitmachens, der fachkompetenten Kontrolle endgültig auf seine Grenzen.* Für die neuzeitliche Technik ist die Natur nicht mehr das große, anschauliche Vorbild, sondern Grundlagen sind jetzt die Naturgesetze, wie sie sich aus intensiver und detaillierter Forschung und über zahlreiche Abstraktionsprozesse ergeben. Die Ergebnisse dieser Forschung sind nicht mehr unmittelbar einsichtig, sondern sind Resultate eines Spezialstudiums mit spezieller Begriffsbildung und Denkweise. Und schließlich führt die Vermehrung von Umfang und Spezialisierung der Forschung dazu, daß selbst der Wissenschaftler nahe benachbarte Gebiete nicht mehr fachkompetent beurteilen kann. Für den Laien aber, für den Bürger, der doch mit entscheiden soll, wie seine Lebensverhältnisse von der Technik zu gestalten sind, sind die technischen Neuheiten von der Zauberei und der Science-fiction nicht zu unterscheiden. Das ist das Phänomen der Entfremdung (S. 74). Die Entfremdung ist die Folge der Spezialisierung. Seit Marx diesen Begriff zur Charakterisierung der wirtschaftlich-sozialen Verhältnisse eingeführt hat, hat die Entfremdung im Osten wie im Westen durch die weitere technische Entwicklung noch außerordentlich zugenommen.

Auch in der Politik spielt die Entwicklung der Technik eine hervorragende Rolle. Wirtschaftliche und militärische Macht sind schwerer einzuschätzen als früher, da sie von speziellen Erfindungen, etwa auf dem Gebiet der Nachrichtentechnik, unübersehbar beeinflußt werden. Der Ausgang der Kriege hängt davon ab, wer über die moderneren Waffen verfügt.

Betrachten wir die Menschheitsgeschichte seit der Eiszeit. Die arbeitsteilige Technik gibt dem Menschen seine Überlegenheit in der Natur und macht ihn zum Gesellschaftswesen. *Aber je mehr die Menschen in Ergänzung aufeinander angewiesen sind, je enger sie in dem großen Beziehungsnetz des überindividuellen Systems miteinander verbunden sind, um so fremder werden sie sich doch.* Gleichzeitig wird aber das gegenseitige Verstehen immer notwendiger, weil die Probleme, die uns heute bedrängen, immer mehr die Folgen eigenen Handelns sind, weil der Mensch in der von ihm gestalteten Umwelt sich selbst begegnet. Die Wellen des Umbruchs spüren wir recht deutlich. Bedenken wir noch, wie die bipolare Steuerung unser Verhalten beeinflußt, so zeigt sich, wie schwer gegenseitiges Verstehen geworden ist und gleichzeitig, wie unabdingbar notwendig es ist. – Bevor wir nach neuen Möglichkeiten menschlichen Verstehens suchen, wollen wir noch einige logische Überlegungen, die das menschliche Verhalten zum Gegenstand haben, einschieben.

## 3.2 Zur Logik des „dialektischen Schlusses"

Wir schließen an die Überlegungen zur Anthropologie der Verhaltenssteuerung an (S. 90 ff.). *Gibt es den dialektischen Schluß?* Auf das Gegenteil schlechthin kann man nicht schließen, da das Gegenteil alles Beliebige umfaßt. „Tische" ist ein klarer Begriff, „Nicht-Tische" bedeutet die Unendlichkeit, alles nur Denkbare, bloß mit Ausnahme der Tische. Wenn *der Schluß einen Sinn haben soll, muß er zu einem abgegrenzten, eingeschränkten Bereich des Gegenteiligen führen.* Man muß offenbar in einer bestimmten Weise oder Richtung negieren, damit die Negation zu einem Ergebnis führt. So sagt Engels: „Jede Art von Dingen hat also ihre eigentümliche Art, so negiert zu werden, daß eine Entwicklung dabei herauskommt" (Engels, Anti-Dühring, S. 174). Aber wie findet man die richtige Art der Negation? Engels meint, richtig sei negiert, wenn die Negation der Negation die Negation wieder aufhebe. Aber damit mache ich den Negationsakt nur rückgängig, ohne das Negierte näher zu bestimmen. Negierte Nicht-Tische werden wieder zu Tischen, aber was Nicht-Tische sein sollen, bleibt offen.

Nun gibt es aber Gegensätze, die enge Beziehungen zueinander haben, da sie sich ergänzen und herausfordern. Wir haben sie als die komplementären Gegensätze erkannt (S. 84). Damit haben wir ein Merkmal, das sie verbindet, in Händen. Unsere Frage lautet jetzt: Wie finden wir den gemeinsamen Begriff für solche Gegensätze? Um schließen zu können, braucht man ja einen Leitfaden.

Zunächst ist sofort zu sagen: *Es ist nicht die Anschauung, die zum Gegenteil hinüberleitet.* Unser logisches Denken ist weitgehend von der Anschauung geführt. Auch die abstrakten Begriffe entstammen der Anschauung. Die Abstraktion hebt gewisse Merkmale der Anschauung, auf die es im Zusammenhang besonders ankommt, hervor und vernachlässigt andere. So ergeben sich die idealisierten und extrapolierten Elemente der Anschauung, aus deren Kombination wir unsere Theorien aufbauen. In dem Sinn sind *auch die abstraktesten physikalischen Begriffe noch Kinder der Anschauung.* Man kann noch fragen, ob es nicht mathematische Begriffe gibt, die völlig von der Anschauung abgelöst sind. Nun kann man den Begriff der Anschauung enger und weiter fassen. Manche Menschen können noch mit Anschauung operieren, wo andere von ihrem Vorstellungsvermögen im Stich gelassen werden. Die Anschauung läßt sich schulen. Eine negative Größe läßt sich vorstellen als das Entfernen einer positiven, mit n-dimensionalen Räumen läßt sich hantieren in Analogie zu dreidimensionalen, die imaginären Zahlen entstehen durch eine Rückwärtsoperation, durch ein Wurzelziehen aus reellen Zahlen. Selbst bei hochabstrakten mathematischen Konstrukten sind es doch wohl immer aus der anschaulichen Umgebung abgeleitete Elemente, die zur Konstruktion verwendet werden. Praktisch stammen alle Begriffe aus der Anschauung, *die Anschauung ist der Stoff, und die Begriffe sind verarbeitete Anschauung.*

Bei dem, was den dialektischen Gegensätzen gemeinsam ist, ist das aber gerade nicht der Fall, denn im Gegensatz wird gerade das Anschauliche ausdrücklich verneint. Ein Beispiel sind die komplementären Farben, Rot ist gerade nicht Grün. Doch trotzdem besteht eine enge Beziehung zwischen Rot und Grün, denn jedem roten Farbton entspricht im ganzen Spektrum der Farben nur ein einziger bestimmter Grünton, mit dem zusammen er Weiß ergibt. Unsere Frage lautet nun: Wie findet man aus der Vielzahl der Gegensätze den passenden komplementären heraus, wie kann man von einem Sachverhalt auf sein komplementäres Gegenteil schließen, wie findet man Grün, wenn man Rot hat? Der Rückgriff auf die Elemente der Anschauung, der im allgemeinen das kreative Denken leitet, hilft hier nicht weiter, da die anschaulichen Elemente gerade durch die Gegensätzlichkeit ausgeschlossen sind. Wir kämen logisch weiter, wenn wir für das, was die dialektischen Gegensätze miteinander verbindet, Begriffe hätten. Aber gibt es überhaupt nichtanschauliche Begriffe, Begriffe, die sich nicht nur durch die Abstraktion von der Anschauung entfernt haben, sondern die darüber hinaus eine Herkunft aus der Anschauung ausdrücklich verneinen?

Angenommen, wir hätten derart überanschauliche Oberbegriffe, dann müßte sich mit ihrer Hilfe der dialektische Schluß auch durchführen lassen. Die Logik ist die Lehre vom folgerichtigen Schließen, sie unterrichtet uns über die formalen Zusammenhänge, über die logischen Partikeln „und, oder, wenn–dann, nicht" und über andere Formalitäten mehr. Sie handelt von den Beziehungen der Begriffe, aber sie sagt nichts über den Inhalt der Begriffe aus. Daher ist sie auch formalisierbar. Eine Aussage $a \vee b \wedge \neg\, a \rightarrow b$ gilt für alle Bedeutungen von a und b. Die Frage ist, ob beim dialektischen Gegensatz der logische Widerspruch nur vorgetäuscht wird, weil wir dabei an unsere gewohnten Begriffe denken, die von der Anschauung abstammen, die aber für den dialektischen Schluß gerade nicht maßgebend sind, weil sie bei dem Übergang auf das Gegenteil der Anschauung nicht invariant bleiben. Wir müssen vielmehr *die Invarianten der komplementären Ergänzung suchen, wir brauchen neue, nichtanschauliche Begriffe.*

Wie kann man solche Begriffe finden? Die Begriffe bedürfen der Erfahrung. Wir schaffen die Begriffe, indem wir Erlebnissen, Sachverhalten, die für uns von Interesse sind, einen Namen geben. Unsere vertrauten Begriffe stammen in dieser Weise aus der Erfahrung der äußeren Sinne. Wenn wir uns mit ihrer Hilfe verständigen wollen, weisen wir zunächst auf die Gegenstände der äußeren Umwelt hin. Grün ist, wie Gras aussieht, Hunger hat man, wenn man Nahrung haben will. Auf einer abstrakteren Stufe nennen wir dann statt der Hinweise auf die Gegenstände die Vorstellungen von ihnen, und wir abstrahieren weiter von ihnen, indem wir Merkmale, auf die es uns ankommt, hervorheben und andere weglassen. Aber letztlich sind diese Begriffe, wie es ja auch naheliegt, der Erfahrung der äußeren Sinne entnommen.

Die Begriffe für die Komplementarität müssen wir ebenfalls in der Erfahrung suchen, aber wir finden sie schlecht in der Erfahrung der äußeren Sinne, weil sie die Anschauung ausschließen, weil sie uns in der Regel nicht gleichzeitig vor Augen stehen. Sie sind auch keine Eigenschaften von Gegenständen, sondern Weisen des Verhaltens. Aber wir können sie spüren in den Konflikten unserer Triebe, in der Ambivalenz unserer Gefühle. Hier hängt es von den Veranlagungen und den kulturellen Gegebenheiten ab, wie stark, wie deutlich sich das bemerkbar macht. Die Forderung nach logischer Identität als hervorragende ethische Pflicht hat im Abendland die Erfahrung der Ambivalenz stark verdrängt, obwohl sie doch als Grunderfahrung auch im Abendland niemals zu leugnen war.

Im wesentlich stärkeren Maße ist *den Chinesen die Bipolarität zum*

*Bewußtsein gekommen.* Das Orakelbuch ›I Ging‹, das in der gesamten philosophischen Entwicklung Chinas eine große Rolle gespielt hat, ist in seiner Grundlage bipolar aus seinen Komponenten Yin und Yang aufgebaut. Bei der Deutung der Welt sind die Chinesen offenbar mehr von ihren inneren Erfahrungen ausgegangen, sie haben die Dinge menschenähnlicher betrachtet, und sie haben dabei primär in allen Phänomenen, die ihnen begegneten, die Polarität gesehen. Von dieser Vorstellung ausgehend sind sie zu einem anderen Begriff des Verstehens gekommen. Unsere Deutung des Verstehens stammt von Aristoteles: ein Sachverhalt gilt als verstanden, wenn man seine Ursachen kennt. An sich benötigt jedes Geschehen zu seinem Zustandekommen eine ganze Fülle notwendiger Bedingungen. Praktisch vernachlässigt man aber die übrigen bis auf diejenige, die für den betreffenden Sachverhalt ausschlaggebend ist. Um den Sachverhalt möglichst genau, sicher und objektiv zu erkennen, wird er auf dem Wege der Abstraktion aus dem Komplex der Ereignisse herausgelöst, wird zergliedert und gezielt im Detail erforscht. Man nennt das Verfahren auch *analytisch*. Es orientiert sich am kausalen Ablauf der äußeren Ereignisse (Sachsse, Die Begriffe der Polarität und Dialektik in der Sicht der Anthropologie, Philosophia Naturalis, Bd. 19, 1982, S. 538). Aus solchen Einzelerfahrungen bauen wir ein Modell der Welt auf, mit dem sich die Ereignisse der Naturwissenschaften gut wiedergeben lassen, weil sie gut isolierbar sind und daher auch über dominante Ursachen verfügen.

Dem chinesischen Denken haben sich die Dinge der Welt anders dargeboten. Die polare Struktur alles Existierenden wird wie ein Grundparadigma vorausgesetzt, aber der äußeren Wahrnehmung zeigen sich die Dinge nicht polar, sondern immer nur von einer Seite. *Dem Verstehen ist daher die Aufgabe gestellt, die andere Seite zu finden, den Gegenhalt, dasjenige, was wir den komplementären Begriff genannt haben.* Diese Denkhaltung zielt auf das Ganze, so daß man sie auch als die *integrale* bezeichnet.

Beide Ansätze haben ihre Vor- und Nachteile. Die analytische Denkweise ermittelt sehr genau die Details, ist quantifizierbar und technisch verwendbar. *Sie hat die gesamte technische Entwicklung und den zivilisatorischen Aufstieg des Abendlandes bestimmt.* Aber da sie letztlich beschreibend verfährt, hat sie den Nachteil, daß sie keine Auskunft über Werte gibt, denn die Dinge zeigen sich, wie sie sind, nicht wie sie sein sollen. Die analytische Wissenschaft achtet darauf und klammert daher alle Gefühls- und Erlebnisqualitäten, alle Werte aus. Diese wesentliche Selbstbeschränkung ist der Preis, den die Naturwissenschaften für ihre große Verläßlichkeit bezahlen.

Für die Entwicklung der Naturwissenschaften, die als oberste Forderung das logisch kohärente Modell suchen, ist charakteristisch, daß sie die Komplementarität, wie sie sich im anschaulichen Modell von Welle und Korpuskel geboten hat, *durch den Verzicht auf die anschaulich geschlossene Darstellung wieder eliminiert.* An die Stelle ist das unanschauliche mathematische Modell von Heisenberg und Bohr getreten, das der Interpretation von Born zufolge von vornherein von statistischen Größen handelt und in dem kein Widerspruch von Welle und Korpuskel mehr auftritt. Der Physik war dieser Ausweg möglich, da sie sich nicht für das Schicksal des einzelnen Elementarteilchens, sondern nur für das gesetzmäßige Verhalten ihrer Gesamtheit interessiert.

In den Geisteswissenschaften liegen die Dinge anders. Hier sind wir häufiger am Einzelfall interessiert, und hier führt demgegenüber die integrale Haltung zu tieferem und umfassenderem Verstehen, und das ist von entscheidender Bedeutung überall dort, wo die bipolare Steuerung ins Spiel kommt. Die allgemeine Ausrichtung auf das ergänzende Gegenteil schult die Aufmerksamkeit und die Intuition für die gegensätzliche Struktur menschlichen Handelns. Ein Gefühl wird gezüchtet, das sehr wohl den inneren Umbruch von oberflächlichem Opportunismus und wetterwendischem Verhalten zu unterscheiden weiß, ein *Sinn für die Identität des Charakters jenseits sprachlicher Ausdrucksmöglichkeit.* Nur so ist das Comeback mancher Politiker in China und Japan zu verstehen sowie ihre Psychologie in Politik und Kriegführung. Der Nachteil des integralen Verhaltens ist, daß es entsprechend den komplizierteren Zusammenhängen auch ein komplizierteres Urteilsvermögen verlangt, aus dem sich die Werturteile nicht mehr ausklammern lassen. Der subjektive Faktor ist daher ein wesentlicher Bestandteil der Integration. Das hat zur Folge, daß die Ergebnisse solcher Überlegung nicht so allgemeingültig und genau feststellbar sind, daß sie nicht quantifizierbar und nicht naturwissenschaftlich-technisch verwendbar sind und daß sie nicht den Zustimmungsanspruch unserer exakten Wissenschaften besitzen.

Die einfühlende Betrachtungsweise in das Ganze, die Einfügung in den Gang des Himmels bringt noch einen weiteren Nachteil mit sich: *es fehlt die Tendenz zur Verbesserung der bestehenden Verhältnisse.* Das große Symbol der Welt bringt das gut zum Ausdruck: den Gegensatz bei der Gleichheit, wobei jede Komponente noch zentral in sich den Kern der anderen enthält, aber diese Ganzheit ruht in sich, sie besitzt keinen Richtungssinn, sie stellt keine Forderung an das menschliche Verhalten, wie anders als der aufrüttelnde und provozierende Ruf, der vom Symbol des Kreuzes ausgeht (Abb.). Der integralen Lebenshaltung fehlt die Dynamik.

Das klassische China vor dem revolutionären Umbruch ist ein gutes Beispiel, wie eine hohe Kultur praktisch ohne die analytische Entwicklung der

Yang

Yin

Technik aussieht. Ein berühmter chinesischer Roman aus dem 18. Jahrhundert, ›Der Traum der roten Kammer‹, schildert die persönlichen und gesellschaftlichen Verhältnisse mit naturalistischer Genauigkeit. Der hohe Stand geistiger und literarischer Bildung, die Pflege der Schönheit von Farben, Formen und Tönen, die Feinheit der zwischenmenschlichen Beziehungen, der unwahrscheinliche Luxus der oberen Klassen, nicht ohne die Beigabe massiver Korruption, sind beeindruckend. Aber diese hohe, schöngeistige Blüte spielt sich im Rahmen einer festgefrorenen Hierarchie, eines Ritus ab, der die Rangstufen vom Himmelssohn bis zum Kuli unverrückbar festlegt, einer Hierarchie, die sich von Konfuzius bis zum Beginn des 20. Jahrhunderts erhalten hat, an deren Berechtigung kein chinesischer Denker gezweifelt hat und deren Zusammenbruch erst unter dem Einfluß von außen stattgefunden hat. Dieses ganze Gefüge war tabuisiert, und eine Technik in unserem Sinne wäre als Blasphemie verstanden worden. Erst dem großen Pädagogen Mao Tse-tung ist es gelungen, sein Volk vorsichtig an die Technik heranzuführen.

Der Vergleich analytischen und integralen Denkens zeigt, welche Stoßkraft unseren abstrakten Begriffen eigen ist. Die Abstraktion greift das einzelne heraus, fördert es einseitig und schöpft es aus. Immer geschieht solche Förderung auf Kosten des Vernachlässigten. Das ist der Prozeß des Wachstums, und jedes Wachstum besteht in der Störung von Gleichgewichten. Die Natur hat auf ihrem Evolutionsweg ganz gewaltig die Gleichgewichte gestört und neue wiederhergestellt. Die Vorhut der Veränderung heute sind die abstrakten Begriffe. Den abstrakten Begriffen ist gerade aufgrund der Abstraktion, die Nebensächliches vernachlässigt, Vitalität eigen. Das meiste von ihnen fällt der Vergessenheit, der Selektion wieder zum Opfer, aber einiges setzt sich durch und wandelt die Geschichte. Wir haben heute unsere Sorgen mit dem Wachstum und fürchten, daß es uns über den Kopf wächst. Daher sind wir auch für die Weisheit Chinas heute aufge schlossen. Aber das Beispiel Chinas zeigt, *daß das Leben allein mit Weisheit auch nicht zu bewältigen ist.* Die radikale Kritik am Wachstum vergißt oder verdrängt, welche Fülle von Möglichkeiten und Erweiterungen des Daseins uns das Wachstum der Technik gebracht hat.

Wir haben die chinesische Philosophie hier zitiert, weil sie vor Augen führt, wie *das verbindende Element, das aus der Gesamtheit aller Gegensätze den kleinen Anteil der echten dialektischen, der komplementären Gegensätze ausgrenzt, als lebensbestimmende Macht gesucht werden kann und wie er intuitiv auch zu handhaben ist.* Ist doch die Dialektik in Verruf gekommen, weil man vielfach die einschränkenden Bedingungen, denen der dialektische Gegensatz unterliegt, nicht beachtet hat, sondern mit dem Gegensatz schlechthin diskutiert hat. Das aber führt zum Pseudobeweis von Beliebigem. Unser Rückblick hat nun gezeigt, daß die Abstimmung des Entgegengesetzten nicht nur in der Physiologie ihren stofflichen Körper hat, sondern daß sie auch bewußt erlebt wird. Hat doch die Polarität vielfachen Ausdruck in der künstlerischen Symbolik gefunden. Selbst in der Sprache gibt es Zeichen mit Doppelsinn. Das lateinische Wort *altus* bedeutet sowohl hoch wie tief, und *tabu* ist die Bezeichnung des Heiligen wie des Unreinen. Aber die eingangs gestellte Frage, ob es den dialektischen Schluß gibt, müssen wir vorerst mit nein beantworten, weil wir bis jetzt den Formalismus der Gegensätzlichkeit noch nicht auf den Begriff gebracht haben, weil uns diese nichtanschaulichen Begriffe für das, was wir suchen, fehlen.

*Der Mensch kennt sich selbst zuwenig.* China ist in der Meditation steckengeblieben und ergreift nun die Technik, ohne sich aber über die Beziehungen zwischen Meditation und Technik genügend klar zu sein. Und unsere abendländische Entwicklung hat sich, von der Entdeckung der neuzeitlichen Technik und von deren Erfolgen hingerissen, ganz dem technischen Wachstum gewidmet und darüber die Entwicklung des Menschen fast vergessen. So ist es zu dem *cultural lag,* zu dem kulturellen Rückstand gekommen, der dazu geführt hat, daß wir zwar große Macht in Händen haben, aber zuwenig wissen, wie wir sie recht gebrauchen sollen. Daher geht es jetzt darum, diesen Rückstand aufzuholen. Der Mensch muß sich besser kennenlernen. Sehen wir zu, welche Wege uns das Studium der Mitmenschlichkeit führen kann.

## 3.3    Das Studium der Mitmenschlichkeit

### 3.3.1 Die Freisetzung durch die Technik

Die Entwicklung mit der ihr innewohnenden Spezialisierung hat zur
Entfremdung geführt, die Transparenz ist über der Unanschaulichkeit der
Begriffe und Hilfsmittel verlorengegangen, der eine versteht nicht mehr,
was der andere tut. Das steigert sich heute zu einer gefährlichen Krise, der
Bürger soll und muß beurteilen können, unter welchen Bedingungen er
leben will, de facto hängen aber diese Bedingungen von technischen Maßnahmen ab, die er im einzelnen nicht beurteilen kann. Das ist unser ökologisches Problem heute. Was läßt sich tun, um das zwischenmenschliche
Verständnis zu verbessern, so daß wir dieser großen Gemeinschaftsaufgabe
besser gewachsen sind?
    Interessanterweise weist die Entwicklung der Technik selbst den Weg.
Das wird deutlich, wenn man fragt, welche Funktion die Technik für den
Menschen eigentlich hat. Man kann die Technik als die Vervollkommnung
unserer natürlichen Organe verstehen, die uns ermöglicht, vollständiger zu
sehen, zu hören und in das Geschehen einzugreifen. Sie ist eine Sammlung
von Werkzeugen. Aristoteles hat bereits die Sinnesorgane als Werkzeuge
verstanden. *Organon* heißt wörtlich das Werkzeug, und Francis Bacon
spricht von einem *Novum Organon,* von einem neuen Werkzeug und
meint damit die Technik. Die Technik entlastet mit ihren künstlichen Organen die natürlichen und setzt sie dadurch mehr oder weniger weitgehend
frei. Der zugeschlagene Feuerstein ersetzt die Schärfe des Gebisses, so daß
das Maul vom Greifen und Zerkleinern der Nahrung entlastet wird, die
Zubereitung der Nahrung am Feuer entlastet die Verdauungstätigkeit, die
Maschine entlastet die Muskelarbeit und der Computer entlastet das Gehirn von der Routine. Alle technischen Errungenschaften lassen sich in diesem Sinne *als Steigerungen und Entlastungen unserer natürlichen Organe
verstehen.* In diesem Sinne spricht der Paläontologe Leroi-Gourhan von einer Exteriorisierung, einer Hinausverlagerung der Organfunktion durch
die Technik und belegt das mit vielen Beispielen (André Leroi-Gourhan,
Hand und Wort. Die Evolution von Technik, Sprache und Kunst.)
    In dieser Weise setzt die Technik den Menschen frei. Wir müssen heute
nicht mehr das Wild erlegen und zubereiten, bevor wir es essen können,
sondern erhalten im Superladen zusammengestellt und gewürzt die fertigen
Gerichte, und eine industrielle Produktion stellt einen wachsenden Strom
von Gebrauchsgütern her, mehr als der einzelne sich nur vorstellen kann.
Und mit dem Fortschritt der Entwicklung dieser Entlastungsfunktion gelingt die gesamte technische Arbeit in immer kürzerer Zeit, die Technik

schenkt uns nicht nur dieses umfassende Instrumentarium, um unsere Wünsche zu erfüllen, sondern auch noch *die freie Zeit*. Bei 40 Stunden Arbeitszeit pro Woche und 10 Stunden pro Tag für Essen, Schlafen und Hygiene beträgt die freie Zeit im Mittel über alle Tage des Jahres schon knapp das Doppelte von der Arbeitszeit, ohne daß Kuraufenthalte, Frühpensionierung und ähnliches mitgerechnet sind. Eine sorgfältige Soziologie der Freizeit stammt aus der Feder von Erwin Scheuch (Erwin K. Scheuch, Gerhard Scherhorn, Freizeit, Konsum. Stuttgart 1977). Die Verhältnisse sind im Fluß. Es findet eine Umverteilung der arbeitsfreien Zeit unter den Berufsgruppen statt. Diejenigen, die früher arbeitsfreie Zeit in besonders großem Umfang besaßen, verlieren sie, während gerade diejenigen arbeitsfreie Zeit gewinnen, die in den frühen Phasen der Industriegesellschaften das geringste Maß an arbeitsfreier Zeit erhielten (Scheuch, S. 8). Auch ist zu bedenken, daß nicht die Summe der arbeitsfreien Zeit zur beliebigen Benutzung zur Verfügung steht. Es gibt noch den Weg von und zur Arbeitsstätte und mancherlei andere Verpflichtungen, denen der moderne Zivilisationsbürger unterworfen ist. Die Maßstäbe für den Anteil der wirklich freien Zeit, der Muße, schwanken, wie Scheuchs Untersuchungen zeigen. Aber auf alle Fälle bleibt eine Portion echter Freizeit heute, die mindestens so groß ist wie die Arbeitszeit und die mit weiterer Rationalisierung und Automatisierung bestimmt weiter zunehmen wird.

Die Arbeitslosigkeit bereitet uns heute allerdings große Sorgen. Aber das ist kein Problem der Technik, sondern *ein Problem der sinnvollen Verteilung von Arbeitsplätzen*. Ziel der Technik ist seit alters, nicht Arbeit zu schaffen, sondern Arbeit abzuschaffen. Man muß in dieser Richtung mit weiteren Fortschritten rechnen. Der Einsatz von Robotern steht bei der Gütererzeugung noch in den Anfängen. Von der Entwicklung des Nachrichtenwesens ist eine Entlastung des Großstadtverkehrs zu erwarten, wenn Besprechungen ohne die örtliche Anwesenheit der Teilnehmer auf der Basis von Fernbild- und Fernsprechübertragung stattfinden können. Diese Techniken, für die man schon den Sammelausdruck Telematik (S. 69) gefunden hat, werden die Heimarbeit wieder zu Ehren kommen lassen. Welche Wege die Technik im einzelnen gehen wird, läßt sich schwer prophezeien, aber bestimmt wird sie weiter zur Minimierung von Aufwand und Zeit führen. Zwar wird Arbeit immer nötig sein, um diesen kunstvollen Apparat zu entwerfen, zu bauen, zu dirigieren und instand zu halten, aber sie wird weniger Zeit erfordern. Daher ist es das organisatorische Erfordernis, die Arbeitsmöglichkeiten durch Verkürzung der Arbeitszeit sinnvoll zu verteilen. Das mag wie alle Verteilungsprobleme einige Schwierigkeiten bereiten, aber es ist unumgehbar. *Jedenfalls bleibt als Ergebnis der technischen Arbeit die freie Zeit.*

Obwohl die Erleichterung des Daseins immer schon ein Ziel der Technik war, ist doch *die freie Zeit erst ein Ergebnis der jüngsten Geschichte.* Bis vor 200 Jahren war nur eine dünne Oberschicht für allgemeine Dinge freigesetzt, die große Menge der Menschen war ausgefüllt mit ihrer Sorge um das tägliche Brot und der Arbeit, um die Privilegierten freizusetzen. Die Geschichte bestand aus den Taten der wenigen Großen, aus ihren Kriegen und Heiraten, *das Volk war der Stoff, über den verfügt wurde.* Der Durchschnittsmensch war noch kein waches und wirkendes Glied der Geschichte. Erst die moderne Technik hat hier zu tiefen Veränderungen geführt, *sie hat erst die Demokratie ermöglicht.* Die Demokratie des Perikles in Athen lebte von der Arbeit des Sklaven, erst die Arbeit der Maschinen ermöglicht eine Demokratie für jedermann. Die materiellen Produkte und der Informationsreichtum haben die Menschen aufgeweckt und zur Teilnahme instand gesetzt. Von 1950 bis 1974 hat sich das Realeinkommen pro Kopf in der Bundesrepublik vervierfacht (Die ›Zeit‹ vom 7. 2. 1975). Dabei sind die unteren Einkommen noch stärker gestiegen, da sich die oberen nicht vervierfacht haben. Kein Wunder, daß solche Änderungen starke Erschütterungen zur Folge haben.

Aber wir sind von diesem Ergebnis der Technik überfallen worden, wir haben es nicht erwartet und stehen ihm *noch ziemlich hilflos gegenüber.* Freizeit ist zum Problem geworden, was soll man damit beginnen? Fernsehen macht traurig, hat Frau Noelle-Neumann festgestellt, weil es rein rezeptiv ist und dem Bewältigungsbedürfnis keinen Spielraum freigibt. Und die sommerlichen Völkerwanderungen zu den Meeresstränden, um dort braun zu werden, können auch kein Lebensziel sein. Zu viele Freizeitbeschäftigungen heute haben nicht das Ziel, die freie Zeit zu nutzen, sondern sie loszuwerden, sie zu ver-treiben oder gar totzuschlagen. Langeweile macht stumpf oder aggressiv. Man fragt sich, *in welchem Umfang das Ausgefallene und Provokatorische im modernen Leben ein Produkt gelangweilter Freizeit ist.* Daß die Freizeit zum Problem geworden ist, zeigt, daß wir den Sinn der Technik noch nicht ausreichend verstanden haben. Die technische Arbeit und Entwicklung nimmt uns derart in Anspruch, daß wir aus dem Blick verloren haben, warum wir sie betreiben. *Da die Technik nur Methode, nur Instrument ist, ist das Ziel technischen Handelns immer ein außertechnisches.* Welches ist es? Wir hatten nach der Funktion der Technik für den Menschen gefragt.

Die Technik hat offenbar die gleiche Aufgabe wie unsere Sinnesorgane, deren Vervollkommnung sie ist. Und wozu dienen die Sinnesorgane? *Sie öffnen das Tor zur Welt.* Sie schaffen die Beziehung zur Umwelt, die Teilhabe und Teilnahme am Leben. Bei der Evolution können wir beobachten, wie sich mit der Entwicklung der Sinnesorgane Schritt für Schritt der Umkreis der Einflechtung in die Umwelt durch Empfangen und Wirken vergrößert, so daß das einzelne Individuum immer mehr zu einem mitagierenden Glied des Ganzen wird. Durch die Technik erweitert der Mensch noch einmal seinen Erfahrungs- und Handlungsraum in großem Umfang und er bleibt nicht mehr an das Jetzt und Hier gefesselt, sondern mit der Vergegenwärtigung von Vergangenheit und Zukunft kann er Raum und Zeit verdichten und weite Bereiche der Welt und des Lebens in seiner Gegenwart aktualisieren. In der gesamten Evolution, der biologischen wie der technischen, können wir diese Zunahme der Verflechtung des Verschiedenen zu einem Ganzen mit dem Fortschritt der Entwicklung feststellen. Daher ist der Schluß erlaubt, daß die *Bedeutung der Technik für den Menschen darin besteht, ihm die erweiterte Teilhabe und Teilnahme an der Welt im Ganzen zu vermitteln.*

Es ist ein verbreitetes Vorurteil, daß die Technik nur die materiellen Bedürfnisse befriedige, und sie ist dementsprechend von einem humanistischen Bildungsideal abgewertet worden. Aber sie ist genausowenig auf den Umgang mit dem Materiellen beschränkt wie unsere Sinnesorgane, ist sie doch das Werkzeug für unseren gesamten geistigen Austausch, für alle Formen zwischenmenschlicher Verständigung, und ebenso wie die Sinnesorgane sind auch die technischen Möglichkeiten keineswegs ohne rückwirkenden Einfluß auf die Bildung und den Inhalt der Verständigung. Schon die Sprache, diese Methode, um die Zusammenarbeit mit verteilten Rollen zu koordinieren, ist ein technisches Verfahren (S. 15, 90). *Die nächste entscheidende technische Entwicklung ist die Erfindung der Schrift,* die sich in zahlreichen Stufen verwirklicht, über die heiligen Zeichen, die Hieroglyphen, über die Bilderschrift zur Buchstabenschrift, über den behauenen Stein, die beschriebenen Tierhäute und das Pergament. Diese über viele Jahrhunderte ausgebildete und vielfältig gewandelte Technik des Schreibens hat den Menschen erst zum geschichtlichen Wesen gemacht, hat zur Bildung und Tradierung eines überindividuellen geistigen Besitzes geführt. Ein weiterer entscheidender Schritt auf diesem Wege war der Buchdruck, und zur Zeit erleben wir einen neuen Durchbruch in der Nachrichtentechnik durch Elektronik, Fernsehen, Computertechnik, Glasfasern usw. Um *das überindividuelle System, das von geistigem Austausch getragen ist, zu verstehen, ist es erforderlich, die Faktoren, die es bilden und festigen und auch zu neuer Gestalt führen können, zu bedenken. Der Einfluß der sich entwickelnden Informatik auf unsere gesamten Lebensverhältnisse wird vermutlich größer sein als der der Energietechnik.*

Die Befriedigung der materiellen Bedürfnisse war die erste und naheliegendste Aufgabe der Technik. Sie ist auch noch keineswegs zu Ende geführt, große Teile der Welt hungern noch. Hier steht eine energiesparende

Güterproduktion noch vor großen, neuen Aufgaben. In den Industrieländern ist das Problem der materiellen Versorgung im ganzen gelöst, obwohl es auch hier noch Aufgaben der Verbesserung, der Vereinfachung und der besseren Verteilung gibt. Aber die materielle Versorgung ist eben keineswegs die einzige Aufgabe der Technik, wir denken zuwenig daran, daß *die Technik uns freie Zeit schenkt und daß die freie Zeit kein Abfall, kein übriggebliebener Rest ist, sondern daß sie dem Menschen die Chance zur geistigen Weiterentwicklung gibt.*

Wir müssen heute die Beziehung von Arbeit und Freizeit neu überdenken. Es handelt sich hier wiederum um komplementäre Gegensätze. Die Komponenten schließen sich nicht aus, man darf sie nicht gegeneinander ausspielen, der einen den Vorzug vor der anderen geben, sondern sie bedürfen einander, sie ergänzen sich, sie steigern und provozieren sich. Die Arbeit befaßt sich mit dem Speziellen, sie hat mit dem konkreten Detail zu tun und muß es ganz ausschöpfen. Der Fortschritt der Arbeit ist das Eindringen in weitere Einzelheiten, ist Spezialisierung. Das gelingt nicht ohne eine gewisse Askese. Der Arbeitende muß die Einsamkeit in Kauf nehmen, die ihn und seine Sache um so dichter umgibt, je mehr er sich vertieft. Bis auf den angezielten Gegenstand wird die Umwelt belanglos, sie wird von dem, der richtig bei der Arbeit ist, gar nicht mehr bemerkt. Jede Erkenntnis und jede erworbene Fertigkeit ist der Triumph solcher Einseitigkeit, und derjenige ist der Erfolgreiche, der sich am einseitigsten konzentrieren kann.

*In der freien Zeit ist das zu betreiben, was während der Arbeit zu kurz kommt, das ist die allgemeine Bildung.* Hier ist keine schöngeistige Erholungsbeschäftigung gemeint, sondern eine grundsätzliche Vertiefung in das Allgemeine, wie es sich aus dem Fortschritt unserer naturwissenschaftlichen, technischen und geisteswissenschaftlichen Entwicklung immer reicher entfaltet. Die allgemeine Bildung soll bewirken, daß der einzelne – auf seine Weise – mit der allgemeinen Entwicklung Schritt hält. Die allgemeine Bildung kann keiner sich selbst verschaffen, der Versuch würde zu höchst unvollständigem, zersplittertem Halbwissen führen. Die allgemeine Bildung ruht nur punktweise auf originärer Erfahrung, *sie ist in ihrem Ausbau weitgehend auf Berichte der Mitmenschen angewiesen.* Solche Informationen liefern uns tagtäglich die Medien, die Zeitungen, die Literatur, die Bibliotheken. Das ist in der Tat ungeheuer viel, und es wird immer mehr. Die Tradierung der Information ist zu einem schwierigen Problem geworden.

Nun kommt es bei der allgemeinen Bildung aber *nicht darauf an, daß man möglichst vielerlei weiß, sondern darauf, daß man das, was man weiß, verstanden hat.* Piaget hat gut dargelegt, was mit Verstehen gemeint ist. Er hat den Prozeß des Verstehens mit der Assimilation verglichen. Das geistige Neue muß wie bei der Ernährung bei der Aufnahme „angeähnlt" werden, es muß in das Bestehende eingefügt werden. Das kann ein schwieriger Prozeß sein, und es kommt auch vor, daß es gar nicht gelingt. Dann muß unter Umständen das bestehende Vorstellungsbild verworfen und ein neues oder zumindest verändertes Modell entworfen werden, um das Neue einfügen zu können. *Solche Umbrüche sind unvermeidbar, und man kann wohl sagen, daß niemand gebildet ist, der sie nicht erlebt hat.* Der Abschluß solcher Mühsal aber, die Einordnung in das Beziehungsgefüge und gegebenenfalls dessen Umordnung gewährt die Freude des Verstehens.

Wir kümmern uns heute sehr wenig um solche innere Bildung, obwohl sie die Voraussetzung für jedes Urteilsvermögen ist. Bei der Lektüre, bei der Information und den Erfahrungen, von denen der Heranwachsende ergriffen wird, spielt der Zufall eine große Rolle. Für das Verständnis ist aber Auswahl und Reihenfolge des Bildungsstoffes wichtig, da die Sachverhalte genetisch zusammenhängen. So ist z. B. die Methode, den Wissensstoff nur anzubieten und dem Edukanten die Entscheidung zu überlassen, falsch, wenn er nicht zuvor Maßstäbe besitzt, aufgrund derer er entscheiden kann. Das ungeordnete Vielerlei des Wissens kann das Verstehen, kann die Bildung geradezu unmöglich machen. Bei dem Erwerb ihrer Bildung sind die *Heranwachsenden heute gegenüber einer unübersehbaren Fülle von wahren und auch von falschen oder irreführenden Informationen ziemlich allein gelassen.*

Die allgemeine Bildung – hatten wir gesagt – steht in komplementärem Verhältnis zur Berufsarbeit. Die allgemeine Bildung sagt dem Menschen, wo die Arbeit einzusetzen hat, wozu sie dient, welchen Sinn sie hat. Sie zeigt dem Menschen seinen Ort in der Welt, so daß er sich als das Glied einer Gemeinschaft versteht. Aber diesen Ort kann er wiederum nur finden, wenn er in seiner Arbeit, in seiner Spezialisierung auch etwas darstellt. *Die Arbeit bringt den Stoff, die Freizeit den Sinn.* Der komplementäre Gegensatz liefert auch die Ergänzung der zwischenmenschlichen Beziehungen: Wie die Arbeit einsam macht, so macht die allgemeine Bildung sozial, sie lebt vom Austausch und im Austausch und zum Austausch. Die Vergegenwärtigung, wie Menschen denken, und auch wie sie gedacht haben, in früheren und fernen Zeiten, und wozu sie imstande sein können, ist der beste Weg, Menschen zu verstehen. Aber bestes Glied der Gemeinschaft ist wieder der, der ihr in seiner Eigenart genug bringt.

Die beiden Haltungen, die hier idealtypisch dargestellt wurden, haben in der Geschichte vielfach im Kampfe miteinander gelegen. Es gibt die Ideologie des Arbeitsethos, die ausschließlich in der Arbeit die Erfüllung und Verwirklichung der menschlichen Natur sieht, die den Beruf als Berufung auffaßt und den Menschen allein nach seiner Leistung bewertet, ja, die die Arbeit schließlich als Gottesdienst versteht. Max Weber hat in seiner Arbeit

›Die protestantische Ethik und der Geist des Kapitalismus‹ die Leistung
dieser Ideologie für den Aufbau unseres Wirtschaftslebens unübertrefflich
gezeichnet. Und es gibt die Haltung, die das Leistungsdenken als eine un-
glückliche Verirrung bezeichnet und insbesondere für unsere aktuellen
Probleme verantwortlich macht. Erich Fromm hat ein fesselndes Buch geschrieben, ›Haben oder Sein‹, in dem er die klassische Haltung des Besitz-
strebens in scharfen Gegensatz stellt zu einer Haltung des Seins, womit eine
Existenzweise gemeint ist, „in der man nichts hat und nichts zu haben begehrt, sondern voller Freude ist, seine Fähigkeiten produktiv nutzt und eins
mit der Welt ist" (S. 30). Die Gegensätze, die Fromm hier herausstellt, sind
nicht genau die gleichen wie die von Arbeit und sinnvoller freier Zeit, aber
sie sind ihnen doch sehr ähnlich. Fromm übt einerseits scharfe Gesellschaftskritik an der Industriegesellschaft mit ihrer Marketing-Religion
(a. a. O., S. 141 ff.) und findet andererseits sehr gute Formulierungen für
die Existenzhaltung des Seins. Aber hier ist wieder der komplementäre
Charakter dieser Gegensätze übersehen, es ist übersehen, daß es kein Sein
ohne Haben gibt und daß es auch gutes Haben gibt, treuhänderischer und
verwaltender Umgang mit Besitz und anvertrautem Gut, und auch schlechtes
Sein, wie etwa die Gammelei. Es ist eben ganz irrig, den Gegensatz von gut
und böse an Hand komplementärer Gegensätze zu erläutern. Fromm
glaubt auch, daß die wissenschaftliche Arbeit die Herzen vom Verstand
trennen müsse, aber er muß wieder einräumen, daß das bei hervorragenden
Gelehrten wie Einstein, Bohr, Szillard, Heisenberg und Schrödinger nicht
der Fall war (a. a. O., S. 144).

In der Tat haben sich infolge der Dominanz des Saldos (S. 86) in der Geschichte ganze Kulturen und Zeitepochen auf die eine oder die andere Haltung festgelegt und sich aus dieser Einseitigkeit heraus auch bekämpft, da
der komplementäre Charakter dieser Gegensätze verdeckt und verdrängt
werden kann. Aber immer ist die Antithese auch vorhanden und wird
durch die These oft geradezu hervorgerufen. *Es ist ein Irrtum, zu glauben,
daß die naturwissenschaftliche Tätigkeit den Sinn für Natur- und Kunst-
erleben zerstöre.* Das sagen vor allem diejenigen, die selbst keine Naturwissenschaft betreiben. Bekannt ist, wie oft Musikalität bei den Mathemati-
kern auftritt. *Die intellektuelle Vertiefung steigert wieder die Erlebnisfä-
higkeit.* Man darf bloß nicht in einer Haltung hängenbleiben, sondern muß
bereit sein, umzuschalten. Unsere geistige Entwicklung ist derart auf die intellektuelle Erfassung durch unsere gewohnte Wissenschaft eingestellt, daß
uns das Umschalten oft schwerfällt, um so schwerer, je mehr die wissenschaftliche Sicht zur Gewohnheit geworden ist. Die Heranwachsenden und
die Frauen, die nicht so eindeutig festgelegt sind, stoßen sich viel weniger an
den Widersprüchen unserer aus der Anschauung entnommenen Begriffe.

Es ist wichtig, daß sich auch der einzelne der Gegensätzlichkeit unserer Natur bewußt wird. Treten sich die Gegensätze als Weltanschauungen und Ideologien gegenüber, so führt das leicht zur Gewalt, zum Rückfall auf die Methode der subhumanen Natur, Gegensätze zu regeln. *Wer die Ambivalenz selbst austrägt, erlebt auch unmittelbar die gegenseitige Steigerung der Gegensätze, ihre Befruchtung im Gegeneinander.* Und es gelingt ihm auch besser, den anderen zu verstehen. Fragen wir nach den Wegen zur Teilhabe.

### 3.3.2 Wege zur Teilhabe

Ein Resümee des Bisherigen: Die naturwissenschaftlich-technische Arbeit hat zu vertiefter Naturerkenntnis geführt, sie hat uns weitreichende Möglichkeiten zur Verbesserung unserer Lebensbedingungen in die Hand gegeben, und sie hat uns mit der Entlastung von den harten Zwängen des Lebens die freie Zeit geschenkt. Die Befreiung aus der biologischen Gebundenheit ist die wesentliche Funktion der Technik. Aber allein materielle Übersättigung läßt sich als Ergebnis dieser Entwicklung nicht hinnehmen. Der Gang der Evolution von der anorganischen Materie über Pflanze und Tier bis zum Menschen zeigt den Weg zu immer umfassenderer Teilnahme, und wir verspüren auch in uns den Drang, empfangend und handelnd teilzunehmen. Wir empfinden das als den unmittelbaren Ausdruck unserer Lebendigkeit.

Nun ist die Freiheit, den rechten Weg zu wählen, obwohl so begehrt, keineswegs ein eindeutiges Gut, sie ist gleichzeitig Chance wie Gefahr, man kann an ihr auch zugrunde gehen. Es kommt darauf an, sich richtig zu entscheiden. Nun leben wir in einem immer dichter gefügten Netz von Beziehungen, jeder einzelne wirkt mit, aber kein einzelner gibt den Ausschlag. Die Entwicklungsrichtung, für die jeder auf seine Weise mitverantwortlich ist, kommt überindividuell zustande. Das ist der Begriff des totalen Zusammenhangs, der uns mit der erweiterten Vorstellung von der Ökologie immer deutlicher zum Bewußtsein kommt. Hier ist die zwischenmenschliche Verständigung das ausschlaggebende Problem, von dem alles andere abhängt. *Welche Wege des Verstehens gibt es?*

Lernen läßt sich nur durch Erfahrung. Menschenkunde bedarf der Öffnung zu unbefangener Beobachtung. Hier ist der Umkreis weit zu ziehen. Es ist erstaunlich, wieviel allgemein Menschliches man über alle Unterschiede der Rassen und der Zeiten hinweg noch findet. Es ist eindrucksvoll, wie umfassend weit Verständigung reicht. Sofern man zu den geschriebenen Berichten greift, ist *interessanterweise die schöne Literatur, Epik und Lyrik, die bessere Quelle als die Arbeit der Wissenschaftler.* Zu leicht verzeichnet der Drang zur rationalen Ordnung die Wirklichkeit. Die Wirklichkeit darzustellen, wie sie wirklich ist, ist ein nachhaltiges Motiv für den Künstler, und die Kunst besitzt umfassendere Möglichkeiten dazu, da sie nicht an das Netz der Begründung gebunden ist, sondern nur zeigen, aufweisen will, nur Licht bringen. Unser Vorstellungsvermögen reicht ja weiter als unser Verhalten, wir können noch Dinge nachfühlen, die wir niemals tun würden, obwohl das Sich-denken-Können auch immer schon ein Keim zur Handlung ist. So fühlen wir uns ergriffen, wenn wir Dostojewski oder Balzac lesen, weil Fasern in uns berührt werden, und wir werden uns auch unser selbst bewußt und lernen uns dabei kennen. Auch Rilke hat mit der Sprache gerungen, weil er das Wirkliche wiedergeben wollte, und wir haben ihn nur verstanden, wenn uns die Wahrheit seiner Verse zum Bewußtsein kommt.

Die Kunst ist eine Form der Mitteilung, und es gibt sie, weil es Mitteilungswürdiges gibt, was sich der begrifflichen Rede entzieht. Die Kunst ist das Ringen um den vorbegrifflichen Ausdruck. Unsere wissenschaftliche Gesamteinstellung hat sie in Sonderzonen verdrängt, so daß sie für die Wegweisung, für die Orientierung kaum noch eine Rolle spielt. Aber nicht nur die Kunst, sondern auch der tägliche Umgang von Mensch zu Mensch gewährt reichlichen Unterricht in der Menschenkunde. Nur ist es wichtig, mit dem theoretischen Urteil zurückzuhalten und die Erfahrungen unbefangen aufzunehmen, bevor man sie klassifiziert. Denn leicht wird die vorschnelle begriffliche Einordnung zu einer Barriere für das Verständnis, da nicht sicher ist, ob die zur Verfügung stehenden Begriffe auch passen.

Für die Erfahrung kommt es darauf an, Augen und Ohren offenzuhalten. Die Ausdruckskunde wird heute zu Unrecht vernachlässigt. Das Aussehen der Menschen, ihre Gestik und Mimik, der Ton der Stimme liefern eine umfangreiche Information. Das rechte Verstehen macht ausgesprochen Freude, und diese Verstehensfreude muß auf der Schule vermittelt werden. Es lohnt sich, im Unterricht wenige Beispiele grundsätzlich zu behandeln, damit der Schüler die Methode lernt, merkt, was in den Dingen steckt, und sich diesen fruchtbaren Zugang zur Welt für andere Fälle zu eigen macht. Diese Freude am Verstehen ist ebenso eine intellektuelle wie moralische Erfahrung.

Die allgemeine Bildung muß individuell erworben werden. Ihre Organisation im Sinne einer Volkserziehung wäre der falsche Weg, sie würde die Menschen uniformieren, während es gerade darum geht, daß sich jeder mit seiner Individualität einfügt. Jeder soll ja seine Individualität entwickeln, er soll sie nur nicht als letzte Instanz überschätzen. Die Wege, die der einzelne einschlägt, werden verschiedene sein und werden auch verschieden weit führen. Das stört das Zusammenwirken nicht, wenn nur jeder für den anderen geöffnet bleibt.

Gegenüber der Berufsarbeit hat die Freizeitbeschäftigung den Vorteil, daß sie nicht in gleicher Weise in ein weitläufiges Netz der Zusammenarbeit eingebettet ist, das in seiner Verknüpfung oft schwer zu überblicken ist. Sie ist vielmehr das Werk eines einzelnen und führt zu eindeutigen, persönlichen Erfahrungen. Sie bietet daher auch das geeignete Feld für die persönliche Kreativität und für die Bildung des persönlichen Lernvermögens. Wieweit eine Entscheidung in der Berufsarbeit falsch oder richtig war, ist oft nicht einfach festzustellen, wieweit jemand mit seinem Hobby zurechtkommt, erfährt er anschaulich und unmittelbar, unabhängig von jeder Institution.

Die Tätigkeit in der freien Zeit bringt einen wichtigen Beitrag zur Problematik der Frau und der Geschlechtlichkeit. *Die wissenschaftliche Gesamtausrichtung unseres geistigen Lebens hat die Frau an die Peripherie unseres Daseins gedrängt.* Im Mittelalter hat sie als Bäuerin und als Meisterin im Handwerk eine selbständige Funktion in der Zusammenarbeit mit dem Mann gehabt, Mann und Frau haben die Entscheidungen und die Sorgen geteilt. Durch die Trennung von Wohnung und Arbeitsstätte ist die Frau arbeitslos geworden. Gleichzeitig hat sich die Arbeitswelt immer männlicher spezialisiert. Die Frauen wurden nicht nur räumlich, sondern auch geistig von den Lebensentscheidungen ausgeschlossen. Das hat zum Protest der Frauenbewegungen geführt, die Gleichberechtigung für die Frauen fordern, und energischen Spitzenvertreterinnen ist es gelungen, Männerberufe besser auszufüllen, als die Männer es konnten. Ihre Forderungen gehen davon aus, daß es spezielle Männerberufe gar nicht gibt, und sie verlangen nicht nur rechtlich, sondern auch sozial gleichen Zugang und gleichen Lohn ohne Unterscheidung des Geschlechts. Diese Forderung nimmt an, daß Männer und Frauen in der Tat gleich sind – was offensichtlich falsch ist – und daß die Frauen den Platz in der männlich geprägten Berufswelt erobern sollen, eine recht nachteilige Forderung. Sie bringt die Frauen in eine Welt, die sie nicht gestaltet haben, und sie müssen sich darin behaupten, nicht in Zusammenarbeit, sondern in Konkurrenz zum Mann. Das ist ein ziemlich rauhes Klima.

Das Entscheidende ist, daß die Grundvoraussetzung von der gleichen Veranlagung nicht zutrifft, es gehört schon ein sehr starkes begriffliches Vorurteil dazu, so etwas zu meinen. *Mann und Frau sind Urformen des komplementären Gegensatzes,* wir können das sehr eindeutig bis in die subhumanen Kulturen mit ihren Arbeitsteilungen zurückverfolgen. Und es ist nicht möglich, derart starke physiologische und hormonale Unterschiede begrifflich umzufunktionieren. Die Frau ist in der Neuzeit in die

Nebenrolle gedrängt worden, weil es mit der Entdeckung der modernen Technik zu dem *cultural lag*, zu dem moralischen Rückstand gekommen ist (S. 99), da die Menschen, von den Möglichkeiten des Herrschafts- und Verfügungswissens hingerissen, die Sorge um den Bereich der Frau und der eigenen Natur aus dem Blick verloren haben. Die Motive der gegenwärtigen Frauenbewegungen sind berechtigt, die Frauen haben in der Tat nicht die Position, die ihnen zukommt, aber die Ziele der Initiativen sind falsch, da sie die anlagegemäße Spezialisierung von Mann und Frau übersehen und die Frau in eine falsche Richtung drängen, bei der sie im statistischen Mittel ebenso überfordert wie unterlegen ist. Das Unerwünschte an dieser Entwicklung ist aber vor allem, daß dadurch die *speziellen kulturellen Fähigkeiten der Frauen verschüttet werden, daß ihre eigene Natur keine geeignete Bildung und Ausbildung mehr erfährt, daß damit ein großer Bereich, den wir dringend für die gesamte geistige Entwicklung benötigen, verlorengeht.*

Die Frau, die sehr viel härter mit der Entstehung neuen Lebens befaßt ist, hat, sofern sie nicht durch Begriffe irregeleitet ist, stärker die unmittelbare und intuitive Einsicht bewahrt, sie hat einen leichteren Zugang zu ganzheitlichen und mitmenschlichen Entscheidungen, die durch die Spezialisierung erschwert werden. Die Welt der Arbeit und des Berufes ist einseitig, und sie hat sich aufgrund der Erfolge der Einseitigkeit noch einseitiger herausgebildet. Sie muß ihrer Struktur nach auch einseitig sein, das ist gut so. Aber die Einseitigkeit darf nicht dominant werden. *Eine Arbeitsmethode liefert noch kein Weltbild.*

Unserer Zivilisation fehlt der Einfluß des weiblichen Denkens. Hier kann die Gemeinsamkeit in der freien Zeit eine Änderung bringen, da die Trennung von Wohn- und Arbeitsplatz entfällt und da Zeit für die gegenseitige Beratung und das gemeinsame Verfolgen geistiger Ziele vorhanden ist. Schon daß der Ort der Wohnung wieder seine Bedeutung für die Entscheidungen im Leben erhält, wird das Ansehen der Frau heben. Die Gemeinschaft im Leben ist heute im Durchschnitt sehr auf den sexuellen und wirtschaftlichen Bereich beschränkt, sie spielt nur in Ausnahmefällen ihre hervorragende Rolle als Prüfstein und Aufgabe geistiger Entwicklung. Die von der Natur vorgegebene Möglichkeit der komplementären Ergänzung, der Unterstützung aus dem Anderssein heraus, der Steigerung im Gegensatz, um dadurch zum anderen zu passen, wird als Lebensziel noch wenig wahrgenommen, wird häufig wechselnden erotischen und wirtschaftlichen Verhältnissen und ihren gesellschaftlichen Folgen geopfert. Vor allem werden auch die geschlechtlichen Beziehungen sehr stark unter egozentrischen Gesichtspunkten des Wollens, Habens, Besitzens und der Selbstbestätigung gesehen und wenig unter dem Motto der Mitmenschlichkeit, der

Öffnung und Hingabe an das Fremde und unter dem Gedanken der Fürsorge, ohne den keine komplementäre Bindung zustande kommt.

Die menschlichen Veranlagungen bilden ein breites Spektrum. Frauen, die in Männerberufe drängen, sollte man diesen Weg nicht verwehren, es gibt genug Beispiele, daß sie ihre Aufgabe bestens erfüllen. Und es gibt auch zahlreiche Berufe, die der Natur der Frau entgegenkommen, namentlich auf dem pädagogischen Sektor. Bürokratische Steuerung wäre hier von Übel. Aber in einer Zeit, in der wir mit starker Arbeitszeitverkürzung zu rechnen haben, trotzdem alle Frauen in Berufe zu drängen, ist falsch, weil dort die meisten ihr eigentliches Wesen nicht entfalten können. Darunter und unter der damit verbundenen Überforderung leiden sie nicht nur selber, sondern es geht gleichzeitig ein die Natur des Mannes ergänzender Kulturbereich verloren. Die Geschlechtlichkeit ist die massive Grunderfahrung in unserem Leben. eine Gesellschaftsordnung, die nicht auf den anthropologischen Gegebenheiten aufbaut, kann nicht die richtige sein. Die freie Zeit gibt die Gelegenheit, die familiären Grundbeziehungen zu vertiefen und der Wohnung wieder ihre ursprüngliche Bedeutung zu geben.

Betrachten wir nun das Problem der allgemeinen Bildung als des Weges zur Teilnahme im öffentlichen Bereich. Die ungeheure Spezifizierung und Verbreitung des Wissens hat die fachkompetente Beurteilung unmöglich gemacht. Es kommt hinzu, daß der praktische Einfluß der naturwissenschaftlich-technischen Erkenntnis auf unsere allgemeinen Lebensverhältnisse gar kein wissenschaftliches Problem ist, sondern von menschlichen Entscheidungen abhängt, die sehr schwer vorhersehbar sind (S. 79 f.). Wie muß die allgemeine Bildung beschaffen sein, um hier noch helfen zu können. Unsere wissenschaftliche Einstellung verlangt das gesicherte Wissen. Aber die meisten Entscheidungen, auf die es ankommt, müssen wir bei unzureichender Information treffen, wir müssen uns begnügen, wenn wir optimale Wahrscheinlichkeit erreichen. Unsere Frage ist: *Wie lassen sich solche Entscheidungen optimieren? Gibt es eine Erkenntnistheorie des unsicheren Wissens?*

Bedenken wir zunächst, daß sich unsere ganze Lebensführung in diesem Milieu abspielt. Die Überlegenheit des Menschen beruht darauf, daß er Ereignisse voraussehen kann, aber die Voraussicht ist nie sicher, sie besteht aus Vermutungen und Erwartungen, die sich in der Regel immer nur teilweise bestätigen. Und wir können ferner feststellen, daß manche Menschen mit ihren Zukunftserwartungen und Voraussagen richtiger liegen und manche falscher. Auf wen sollen wir uns verlassen? *Entscheidend ist die richtige Verwendung des Vertrauens.* Auf Vertrauen beruht seit alters jede Form der Verständigung, aber wir erleben heute eine Krise des Vertrauens. Um hier einen Ausweg zu finden, müssen wir die Funktion des Vertrauens näher untersuchen.

Da ist zunächst festzustellen, daß der zwischenmenschliche Umgang auf der Basis des Vertrauens die gewohnte, ererbte und primärmenschliche Haltung ist. Man setzt zunächst voraus, daß der andere meint, was er sagt. Darauf beruht der Sinn jeder Auskunft. Ein Großteil unserer Lebensorientierung in wichtigen und unwichtigen Dingen hängt daran, daß wir das, was uns gesagt wird, unreflektiert auch für wahr hinnehmen. Ohne dieses mutmaßliche Fürwahrhalten könnten wir gar nicht existieren. Trotzdem wird das Vertrauen heute vielfach als überholt bezeichnet. Im kleinen Kreis, wo jeder jeden persönlich kennt, habe es eine Rolle gespielt, heute seien die Verhältnisse anonym und unpersönlich geworden, so daß wir kein Vertrauen mehr fassen könnten. Ich möchte dem die These entgegenstellen, daß das Vertrauen gerade heute in der großindustriellen Gesellschaft eine größere Bedeutung hat als in früheren Zeiten bei näherer Bekanntschaft. Im kleinen Kreis, den man auch als vertraut bezeichnet, kennt man sich ohnehin und weiß, was man voneinander zu halten hat. Ein Handwerker kann das Werkstück seines Kollegen beurteilen, und der Bauer sieht dem Hof seines Nachbarn an, ob er gut oder schlecht bewirtschaftet ist. *Vertrauen ist gerade dort wichtig und entscheidend, wo das eigene Beurteilungsvermögen auf Grenzen stößt,* wenn ich mich z. B. in einer Rechtssache vertreten lasse oder zum Arzt gehe. Das System unserer repräsentativen Demokratie ist ganz auf Vertrauen aufgebaut. Der Bürger ist nicht in der Lage, die Staatsgeschäfte zu führen, dazu fehlt ihm die Sachkenntnis und die Zeit, aber er kann sich sehr wohl für eine Person entscheiden, die seiner Meinung nach seine Wünsche und Interessen am besten vertreten kann. Auch wer den Politikern gar nicht vertrauen mag, wird doch, wenn zwei zur Wahl stehen, wissen, wem er den Vorzug gibt. Eine Rolle, die sich gar nicht überschätzen läßt, spielt das Vertrauen im wirtschaftlichen Leben, es gibt den Ausschlag beim Abschluß von Geschäften und Verträgen. Der Kredit, den jemand hat, ist ein unmittelbares wirtschaftliches Faktum.

*Unsicherheit im Vertrauen ist eine Krankheit des Gesellschaftskörpers,* weil Zusammenleben auf Vertrauen angewiesen ist. Die Kompliziertheit und Vernetzung der technischen Zusammenhänge beschwört diese Gefahr herauf, sie stellt hohe Anforderungen an die richtige Vergabe des Vertrauens. Das ist das Problem der Hearings. Für diejenigen, die eine wirtschaftspolitische Entscheidung zu treffen haben, ist es völlig ausgeschlossen, die sachlichen Details der vortragenden Gutachter nachzuprüfen, da in jedem Gutachten Schätzungen enthalten sind, die gar nicht prüfbar sind. Darum holt man sich ja gute Wissenschaftler, denen man vertraut, daß sie möglichst zutreffend schätzen, und sie wären keine ernsthaften Wissenschaft-

ler, wenn sie alle zu dem gleichen Ergebnis kämen, weil die Schätzung von
Gewichtungen von der Lebenserfahrung, von der Einstellung der Schät-
zenden abhängt. Den Entscheidenden bleibt nichts anderes übrig, als sich
zu überlegen, wem sie mehr vertrauen wollen. Das bedeutet aber, daß die
Entscheidungen über die technischen Großprojekte gar keine wissenschaftlich-technischen Entscheidungen sind, sondern solche der Menschenkunde
und des Vertrauens, es geht allein darum, die Richtigen zu finden, auf die
man sich verlassen will. Das ist die Folge der Tatsache, daß in der technischen Welt der Mensch heute sich selber begegnet (S. 93).

Trotzdem steht das Vertrauen heute nicht in sehr hohem Ansehen. Man
hält sich lieber an das Wort Lenins: Vertrauen ist gut, Kontrolle ist besser.
Aber diese Parole führt zu Mißverständnissen. Es kann nicht darum gehen,
Kontrolle durch Vertrauen zu ersetzen, natürlich ist alle Kontrolle auszu-
schöpfen. Aber man muß sich klarmachen, daß die Kontrollmöglichkeiten
begrenzt sind und für Entscheidungen nicht hinreichen, denn alle Prognosen enthalten Schätzungen, die nicht kontrollierbar sind. Der Laie scheint
das Gutachten eines Wissenschaftlers vielfach für ein Rechenexempel zu
halten. In Wirklichkeit ist es eine hochqualifizierte Meinungsäußerung, die
weit über den Rahmen des Berechenbaren hinausgeht. Das Vertrauen hat
gegenüber der Kontrolle den Vorzug, daß es sehr viel weiter reicht, es hat
zwar nicht den gleichen Sicherheitsgrad wie die Messung, aber es betrifft
die zur Diskussion stehenden Zukunftsentscheidungen, für deren Abwägung die Messung hilflos ist.

*Die Überlegenheit des Vertrauens beruht darauf, daß es eine Arbeitstei-
lung bei der Urteilsbildung ermöglicht.* Ebenso wie niemand alle Stufen der
Produktion beherrschen kann, ebensowenig kann ein einzelner sie alle
fachkompetent beurteilen. Das Vertrauen ermöglicht, daß das endgültige
Gesamturteil das Ergebnis arbeitsteiliger Beurteilung ist, bei der jeder das
ihm Bekannte beurteilt und einer sich auf den anderen verläßt. Es leuchtet
sofort ein, daß komplizierte Urteile ohne solche Arbeitsteilung bei der Ur-
teilsfindung gar nicht möglich sind. Der Soziologe Niklas Luhmann hat ein
Buch geschrieben: ›Vertrauen, ein Mechanismus der Reduktion sozialer
Komplexität‹. Praktisch handelt es sich um eine Aufteilung der Komplexität auf verschiedene Beurteiler. Es ist sinnvoll, wenn man für die Beurteilung die analoge Arbeitsteilung verwendet, wie für die Herstellung der
Produkte. Das Problem ist nur, daß bei der Produktion die Durchführung
der Arbeit durch die Sachgegebenheiten ziemlich festgelegt ist, während bei
der Beurteilung die Interessen, die Wünsche, die Emotionen und das Dar-
stellungsvermögen eine große Rolle spielen, so daß die gerechte Beurteilung des Urteils sehr viel schwieriger ist als die Bewertung einer Stufe des
arbeitsteiligen Produktionsprozesses. Hier den Sinn für die Verläßlichkeit

des Informationslieferanten zu finden, ist eben die Leistung des richtigen Vertrauens.

Das Vertrauen ist wohl deswegen *auch in Mißkredit gekommen, weil es oft sehr unüberlegt und leichtsinnig gehandhabt wird.* Unsere Urteile hängen bewußt und unbewußt so sehr von unseren Wünschen ab, daß es uns noch wenig gelingt, sie aus dem Netz von Interessen und Emotionen sachgerecht herauszulösen. Die moralische Entwicklung ist hinter der technischen zurückgeblieben, das mag noch ein Rückstand der Wildbeutermoral sein (S. 1, 20). Die richtige Handhabung des Vertrauens hat durchaus eine moralische Qualität. Das rechte Vertrauen hebt den, dem vertraut wird, es ist für ihn ein Anlaß, der Erwartung auch zu entsprechen. Und es ist um so mehr wert, je schwieriger es zu erwerben ist. Denn das *unkritisch verschenkte Vertrauen verleitet zum Mißbrauch.* Man sollte nicht allein den Politikern die unhaltbaren Wahlversprechen vorhalten, denn das Publikum will es hören, und die Stimmen werden schließlich gebraucht. Sachkritik im Vertrauen erzieht den, der sich um Vertrauen bemüht, zur Ehrlichkeit. Und wie vom rechten Vertrauen eine positive Wirkung ausgeht, so wird das Mißtrauen als Herabsetzung empfunden und kann bis zur Demoralisation führen.

Es stellt sich nun die dringende Frage, *welche Art von Erkenntnisvermögen dem Vertrauensurteil zugrunde liegt.* Fragt man die Vertrauenden, so lautet die Antwort häufig: „Ich kann es nicht sagen, ich habe den Eindruck, es ist mein Gefühl." Will man Argumente hören, so heißt es leicht, daß man gerade vertrauen muß, weil keine Argumente vorhanden sind. Daher wird von seinen Verneinern dem Vertrauensurteil der Erkenntnisrang überhaupt abgesprochen, es wird als ein subjektives Gefühl verstanden, dem aber die objektive Entsprechung, das *fundamentum in re* fehlt. Ich habe in einem Buch geschrieben, das Verstehen verlange eine „intuitive Wertschätzung des anderen, auch wenn man seine Auffassungen und Ziele rational nicht akzeptiert" (Sachsse, Kausalität – Gesetzlichkeit – Wahrscheinlichkeit, Darmstadt, 1979, S. 179). Der Rezensent Reinhard Hesse findet in seiner Besprechung zwar lobende und freundliche Worte für meine Arbeit, hält aber eine solche Einstellung nicht nur für falsch, sondern auch für gefährlich. Er setzt sich ausführlich damit auseinander und erklärt, daß die intuitive Erkenntnis auch nicht lehr- und lernbar sei (Reinhard Hesse, conceptus, Zs. f. Philosophie, Jg. XV, Nr. 34, 1981). Ich möchte die Problematik, die dem Vertrauensurteil anhaftet, nicht herunterspielen. Gewiß enthält es ein Risiko, da man ja getäuscht werden kann, und gewiß ist das Lehren und Lernen des richtigen Gebrauchs des Vertrauens nicht leicht. Aber es gibt überhaupt keine Prognose ohne Risiko, und die Tendenz, sich nur auf das erwiesen Sichere und Kalkulierbare zu verlassen, scheint mir bei den praktischen Entscheidungen, denen nicht auszuweichen ist, noch gefährlicher zu sein, ganz abgesehen davon, daß sich kein Unternehmer so verhalten wird. Es ist auch nicht zu bestreiten, daß für alle führenden Persönlichkeiten im Staat, in Wirtschaft und Technik auf allen Stufen die Auswahl der richtigen Mitarbeiter und Berater eine entscheidende Aufgabe ist, das gilt ebenso für den Generalsekretär der kommunistischen Partei in Moskau wie für den Papst, wie für den Präsidenten der Vereinigten Staaten. Diese menschliche Auswahl, ja die gesamte Personalpolitik ist eine Angelegenheit des Zutrauens. Das umspannt einen weiten Rahmen von der pauschalen Beurteilung großer Gruppen bis zu hochgezüchteter Zusammenarbeit im kleinsten Kreise. Fest steht jedenfalls, daß manche Menschen in ihrem Vertrauensurteil richtiger liegen als andere, das zeigt sich schon eindeutig am unmittelbaren Menschenumgang, und daher ist die Frage berechtigt, woran das liegt und wie sich ein solches Vermögen üben und lehren läßt.

*Die Basis des Vertrauens ist die Erfahrung der Regelmäßigkeit, der konstanten Verhältnisse als Grundlage jeder Prognose.* Daher die Bedeutung der Bezugsperson für die Neugeborenen. Und der Körperkontakt beim Nähren vermittelt den beruhigenden Rhythmus des Herzschlags. Es gibt die Einstellung auf das Konstante als Fundament der Orientierung, und aus dieser Haltung heraus wird die Fähigkeit, richtig zu vertrauen, in einem unbewußten Lernprozeß instinktiv herausgebildet. Vielfach heißt es, daß der Mensch seine Instinkte eingebüßt und durch rationale Überlegung ersetzt hat. Das ist aber nur zum Teil richtig. Die rationale Überlegung ermöglicht durch die Vergegenwärtigung der Möglichkeiten den Vergleich, aber bei der Frage, welcher Alternative dann der Vorzug gegeben werden soll, spielt der Instinkt nach wie vor eine maßgebende Rolle. Auch ist der Instinkt nicht allein durch die Veranlagung festgelegt, sondern er differenziert und spezialisiert sich durch Frühprägung und unbewußtes Lernen, wie man schon bei Tieren feststellen kann. Beim Menschen, diesem hervorragend lernenden Wesen (Sachsse, Anthropologie der Technik, S. 35 f., 38), ist der Einfluß unbewußter Erfahrung auf die Herausbildung des Instinktes entsprechend größer.

Wie kann man nun spüren, ob jemand die Wahrheit spricht oder lügt, ob er seine Zusagen einhalten oder brechen wird? Da das Vertrauen die primäre Grundlage der Verständigung ist, müssen vorsprachliche Merkmale maßgebend sein, die ähnlich wie die Bewegungsfunktionen und die Sprache im Kontakt mit der Umwelt unbewußt gelernt werden. Wo sollten diese Erfahrungen sonst herkommen? Wir besitzen diese Kenntnisse, sie spielen in unserer Lebensführung eine große Rolle, sie passen mehr oder weniger gut auf unsere Umwelt, aber wir erinnern uns ebensowenig, sie erworben zu haben, wie wir uns an den Erwerb der Sprache erinnern.

Was spielt für die Verständigung eine Rolle? Der Tonfall der Stimme, Mimik und Gestik, die Kleidung, man spricht von der Anmutungsqualität. Aber es werden auch umfassende geistesgeschichtliche Verhältnisse an kleinen, äußerlichen Handlungen erkannt, und umgekehrt kann sich Vertrauen gerade auch über das Äußere hinwegsetzen. Bei dem unbewußten Lernen kommt eine besondere Bedeutung dem Gedächtnis zu. Man kann von einem subkortikalen Gedächtnis sprechen. Optische Eindrücke können unbewußt und sehr detailliert aufgenommen und gespeichert werden und können zu Merkmalen von umfassenden Erlebnisbereichen werden. Die Bilder, die wir mit tiefgreifenden existentiellen Erfahrungen verbinden, enthalten im Lichte rationalen Urteils oft zusammenhanglose und nebensächliche Details. Und es gibt Eindrücke, die begrifflich, also mit Worten, nicht faßbar sind, die im Gedächtnis aber sehr gut und exakt haften. Dazu gehören Gerüche, Fertigkeiten wie Tennis und Skifahren, Eigenschaften von Bildern oder Landschaften. Handwerkliche Fähigkeiten werden in der Regel vorbegrifflich vermittelt, sie werden nicht erklärt, sondern gezeigt. Und was derart gelernt ist, ist subkortikal eingeprägt und wird wenig vergessen. Die Logik kommt in diesen Zusammenhängen nicht vor und wird auch nicht gebraucht. Die Eindrücke sind mosaikartig, und wir kennen wenig Beziehungen zwischen ihnen. Sie können in hohem Maße emotionsbeladen sein, und sie spielen daher für die Wurzeln der Verhaltenssteuerung eine große Rolle.

Es gibt Übergangsfelder zwischen diesem vorbegrifflichen und dem begrifflichen Gedächtnis. Bei der wissenschaftlichen Forschung nach dem Verfahren von Entwurf und Prüfung steht der primäre Einfall der subkortikalen Erinnerung nahe. Er ist präverbal, steht nicht auf Wunsch zur Verfügung, kann aber mit unmittelbarer Evidenz auftreten. Zur wissenschaftlichen Erkenntnis gehört die logische Verarbeitung des Einfalls. Das Erlebnis wird in den logischen Kontext eingegliedert. Je leichter, je primitiver die Prüfung ist, um so weniger leistet der Einfall für die Erkenntnis, während bei schwieriger Erkenntnis bereits der Einfall den Erkenntnisfortschritt bringen kann. Die Allgemeine Relativitätstheorie war lange Jahre bereits anerkannt, obwohl ihr zunächst die experimentelle Bestätigung versagt war. Bereits das klassische Verfahren von Entwurf und Prüfung und dementsprechend der wissenschaftliche Fortschritt besitzen ihre subkortikalen Wurzeln.

Es gibt ohne Zweifel subkortikale Leistungen mit einem hohen Grad von Sicherheit. Ein Beispiel ist das Ausmaß der Verständigung, das mit Haustieren erreicht werden kann, an deren Bewußtsein oft nicht zu zweifeln ist. Schließlich ist schon das Bewußtsein des Mitmenschen eine ebenso selbstverständliche wie unbegründete Annahme, die sich im zwischenmenschlichen Kontakt vor und mit Erlernung der Muttersprache herausgebildet hat. Und mit der Sprache haben wir unsere Vor-Urteile erworben, instinktive Handlungen, die in der Wechselwirkung des Anpassungsprozesses entstanden sind.

Wesentlich ist nun, daß diese Instinkte, diese intuitiven Einsichten individuell geprägte Wahrheiten sind. Was als wahr verstanden wird, hängt vom Sachverhalt und vom Empfangsorgan des Wahrnehmenden ab. Bei einfachen Einsichten, wie sie den Beobachtungen der Naturwissenschaften zugrunde liegen, spielt die Verschiedenheit der Wahrnehmungsweisen in der Regel keine Rolle, bis auf die Ausnahme bei der Quantenmechanik, die Bohr eben zum Begriff der Komplementarität geführt hat, wobei es aber gelungen ist, die Vieldeutigkeit durch die mathematische Formulierung und den Verzicht auf die Anschaulichkeit zu beseitigen (S. 92, 94). Man versteht daher auch dasjenige als wissenschaftlich erwiesen, was allgemeine Zustimmung finden kann. John Ziman definiert geradezu als Kriterium, als „Ziel der Naturwissenschaften ein möglichst weite Gebiete umfassender, auf rationaler Argumentation beruhender Konsens" (Ziman, Wie zuverlässig ist wissenschaftliche Erkenntnis?, S. 3). Solche Zuverlässigkeit ist nicht zu erwarten, wenn die Verschiedenheit der Empfangsorgane eine Rolle spielt. Verschiedene Veranlagung und verschiedene Erfahrungen, bei denen sich die Verschiedenheiten der Veranlagung noch weiter spezialisieren, führen dazu, daß von einem Sachverhalt verschiedene Seiten zur Erfahrung kommen, so daß die jeweiligen Aussagen schon wahr sind, aber doch nur Teile der Wahrheit enthalten und untereinander in komplementärem Gegensatz stehen können. *Die individuelle Wahrheit erklärt sich aus dem Prinzip der Komplementarität.*

*Damit führt die Komplementarität über das Gebiet der klassischen Wissenschaft hinaus, aber sie beherrscht unsere Urteilsbildung und Verhaltenssteuerung auf Schritt und Tritt.* Das Vertrauen öffnet den Blick für die Bezüge, die jenseits unserer „anschaulichen Begriffe" (S. 95) liegen, die aber doch keineswegs regellos sind, da die komplementären Gegensätze keine beliebigen Gegensätze sind, sondern sich scharf bedingen (S. 85). Es ist ja auch durchaus möglich, einen Menschen in seinem Charakter und seiner Persönlichkeit zu verstehen und ihn von einem Opportunisten zu unterscheiden, auch wenn er sich in seiner Meinung und seiner Haltung entschieden geändert hat. Wir sind aber auf unsere aus der Anschauung stammenden Begriffe festgelegt, daß wir dazu neigen, einen Sachverhalt als irrational abzulehnen, bloß weil unser klassisches Begriffssystem nicht mehr anwendbar ist. *Mit dem Vertrauen ist uns als Erbstück aus der Evolution und der Frühprägung ein Spürsinn zu weiterreichender Erkenntnis gegeben, aber noch beherrschen wir nicht genügend die Kunst, mit dem*

*Vertrauen richtig umzugehen, so daß Mißerfolge dazu geführt haben, es völlig zu verwerfen.*

Die wissenschaftliche Welt und das über sie hinausreichende bipolare Wirkungsgefüge stehen ihrerseits wieder zueinander im komplementären Gegensatz, keines darf gegen das andere ausgespielt werden, sondern sie benötigen sich, ergänzen sich und steigern sich aneinander. Zu primitiver Einseitigkeit erzogen, fällt es uns schwer, in Gegensätzen zu denken, und wenn wir es tun, neigen wir dazu, ganz in die Beliebigkeit zu verfallen. Die Komplementarität ist die Folge der Endlichkeit und der Wechselwirkung des Wahrnehmungsvermögens. Wir können einen Sachverhalt in seiner Ganzheit nicht auf einmal erfassen, sondern immer nur hintereinander von verschiedenen Standorten. Wir können das ökologische System in seinem Umfang nur erfassen, wenn wir die komplementären Gegensätze je in ihrer Eigenart verfolgen und ausbilden. Das Vertrauen richtig zu vergeben, ist eine wichtige Leistung im Leben, zumal heute, wo schon der Heranwachsende einer großen Zahl von Informanten und auch von Verführern ausgesetzt ist. Wir möchten vier Merkmale angeben, die für das rechte Vertrauen notwendig sind: Kritik, Bescheidenheit, Ausdauer und Mut.

*Kritik.* Vertrauen ist eine Angelegenheit der Menschenkunde. Wenn mir jemand etwas mitteilt, soll man sich nicht nur fragen, was er mitteilt, sondern auch, warum er es tut. Hat der Informant Interesse an seiner Mitteilung, und welches? Ist er ein Lehrer, ein Verkäufer, ein Politiker, ein Missionar oder ein Freund, hat er ein Interesse, weil er gedrängt oder auch bestochen wird? In vielen Fällen ist die Interessenlage einfach zu ermitteln, bisweilen liegt sie auch komplizierter. Aber jeder Mensch steht in einem Beziehungsgefüge, und um die *Verläßlichkeit einer Aussage richtig zu bewerten, muß man eine Vorstellung von den Beziehungen haben, aus denen sie hervorgegangen ist.*

Verfolgt der Informant spezielle Interessen, ist Vorsicht geboten, häufig geht es dann mehr darum, den Informierten zu etwas zu veranlassen als ihn zu informieren. Hier gibt es seit alters zahlreiche kunstvolle Methoden, um den Hörer zu überzeugen. Aber die am meisten verwendete und einfachste Methode *besteht darin, Angenehmes und Erwünschtes zu sagen.* Das Angenehme glauben wir leichter. Daher besteht die Kunst des Überzeugens darin, mehr oder weniger subtil nach dem Munde zu reden, möglichst so, daß es der Hörer unmittelbar gar nicht merkt. Aber die wahre Information hat häufig gerade einen widerstrebenden Charakter, sie ist gerade nicht das, was man sich denkt oder wünscht, sonst brächte sie ja auch nicht viel Neues. Daher ist es das Grundprinzip jeder kritischen Einstellung, daß man den *unerwünschten Informationen mehr Vertrauen oder doch zumindest mehr*

*Beachtung schenkt als den erwünschten.* Vorsicht gegenüber den Boten des Angenehmen! Das gilt ebenso für den privaten wie für den öffentlichen Bereich. Gegen diese einfache und so offenkundige Regel wird auch heute noch sehr viel verstoßen. Unser öffentliches Leben würde vernünftiger und friedlicher verlaufen, wenn das Vertrauen nicht so oft unkritisch vergeben würde.

*Bescheidenheit.* Wer Vertrauen verschenkt, akzeptiert die Überlegenheit des Menschen, dem er vertraut, und zwar eine Überlegenheit, für die er keine fachkompetenten Beweise hat. Hätte er sie, brauchte er kein Vertrauen. Solches Vertrauen steht im Widerspruch zu den heute vielfach geforderten Erziehungszielen Selbstverwirklichung und Emanzipation, die verlangen, daß der Mensch aus eigener Einsicht und Kenntnis, unabhängig von äußeren Einflüssen, von jeder Heteronomie ganz unabhängig entscheiden soll. Dahinter steht das utopische Ideal der universalen Persönlichkeit, des totalen Menschen, der als Mikrokosmos ein Abbild des Makrokosmos ist (Sachsse, Anthropologie der Technik, S. 258). Aber diese Vorstellung scheitert an der Realität des überindividuellen Systems, in dem jeder nur ein Glied, ein recht kleines Glied des Ganzen ist und von den anderen Gliedern abhängt. Es ist realistisch, die Einschränkung jeder Individualität einzusehen und vertrauensvoll auf den Nachbarn zuzugehen, um von ihm zu lernen.

Hier zeigt sich, daß die Handhabung des Vertrauens zur Gewinnung unsicherer Erkenntnis nicht nur eine intellektuelle, sondern auch eine moralische Seite hat. Es gehört eine gewisse Haltung und Einstellung zu den Möglichkeiten und Grenzen des Menschen dazu und eine Vorstellung zu den Formen des Zusammenlebens und der Gemeinsamkeit. Die Egozentrik, die eine Grundtendenz unserer öffentlichen Meinung und auch unserer Erziehung ist, steht einer solchen Haltung recht fremd gegenüber. Aber die ökologische Philosophie, die die Zusammenhänge betrachtet, zeigt, daß die Egozentrik ganz unrealistisch ist, da praktisch niemand allein handelt und entscheidet. Darüber hinaus steht sie dem Ziel der Teilhabe im Wege. Die Mitwelt bietet ein ungeheuer vielseitiges Feld für das Lernen, das sich aber nur dem öffnet, der vertrauensvoll hören und empfangen will. Hier verliert auch das Prinzip vom Diskurs der Gleichgestellten, für das sich Habermas engagiert hat, seinen Sinn. Der Vertrauende sucht geradezu nach dem Überlegenen, um möglichst viel lernen zu können.

Die Egozentrik steht wie ein Steinklotz dem Verständnis des Daseins im Wege, sie übersieht bei jeder Nachricht ihre objektive Eigenheit und schiebt sie auf das viel nebensächlichere Geleise persönlicher Beziehung, sie verschließt uns das Tor zum Reichtum der Welt. *Schon eilfertige Werturteile erschweren das Verständnis, weil sie schneller einordnen als wahrneh-*

*men*. Richtig wahrnehmen kann man nur, wenn man auch das Unverständliche und die Wertdissonanzen eine Zeitlang aushalten kann.

*Ausdauer*. Das Feld dessen, was wir nicht kennen, auch dessen, was uns ganz fremd ist, ist ungeheuer groß. Hier ist es wichtig, sich zu öffnen, um ein Gespür für die Grenzen des Menschlichen zu bekommen. Denn interessanterweise gibt es sie, trotz aller Verschiedenheit stoßen wir immer wieder auf Gemeinsames, hinweg über Zeit und Raum. Wie wäre es sonst möglich, daß wir z. B. von Homer ergriffen werden oder von den Totenstädten der Pharaonen? Aber wo liegen die Grenzen des Menschlichen? Wir sehen sie nicht unmittelbar. Zunächst macht man sich ja ein Bild vom Menschen anhand des Menschen, der man selber ist. Dann stößt man aber auf Menschen, die ganz anders sind, die fremden Kulturen angehören, und man spürt doch wieder das Gemeinsame der Menschlichkeit. Im Fremden, auch im ganz Fremden das Gemeinsame wiederzufinden, ist das Geheimnis des Verstehens.

Das Vorstellungsvermögen des Menschen reicht weiter als sein Handeln. *Der Richter kann auch den Mörder verstehen – sonst könnte er ihn gar nicht verurteilen –, ohne selbst ein Mörder zu sein.* So können wir uns einfühlen in das Andersartige und finden bemerkenswerterweise auch immer wieder Grundlagen für das Einfühlen, und mit dieser Bemühung üben und erweitern wir gleichzeitig unser Vorstellungsvermögen über den engen Rahmen naiver Gegebenheiten hinaus. Vor der oft schwierigen Aufgabe, Fremdartiges zu verstehen, stehen wir nicht nur fremden Kulturen gegenüber, sondern menschliche Eigenart kann auch bei nahen Verwandten ungewöhnliche Wege gehen. In der Psychiatrie kommt der Arzt an die effektiven Grenzen seines Vorstellungsvermögens, aber er ist ein um so besserer Arzt, je weiter der Bereich des ihm Verständlichen reicht. Die Fähigkeit, Erfahrungen zu machen und zu vermitteln, ist das große Erbgut des Menschen, und daher schafft es Glück und Befriedigung, im Verhalten diesem Grundbedürfnis zu entsprechen. Dabei braucht eine derartige Teilnahme keineswegs rein rezeptiv zu sein. Man kann auch handelnd, helfend, gestaltend eingreifen, allerdings in keinem egozentrischen, sondern in einem verstehenden, treuhänderischen Geiste.

*Mut*. Jede Vergabe von Vertrauen ist ein Risiko. Auch wenn man kritisch genug vorgeht, hat man doch niemals die Sicherheit, daß der andere auch dem Vertrauen entspricht. Es beruht auf Vermutung. Charakteristischerweise ist Vermutung vom Stamm Mut her gebildet. Es ist auch nicht gesagt, daß der Empfänger seinerseits gleich mit Vertrauen antwortet. Das Vertrauen ist eine Einladung zur Regelung der Beziehungen, sie braucht aber nicht angenommen zu werden. Ob sie angenommen wird, hängt weitgehend davon ab, wie überzeugend sie geäußert wird. Immerhin, der Vertrauende macht eine Vorgabe, er spekuliert auf Verständnis. Doch sind im Mittel die positiven Erfahrungen häufiger als die negativen, da eine Hemmung besteht, den Vertrauenden zu täuschen. Das Vertrauen ist wie ein Kompliment, es hebt den, dem vertraut wird, auf eine höhere Stufe, es wird von ihm erwartet, daß er etwas Besonderes kann oder tut. Das spornt ihn an, der Erwartung zu entsprechen. Das Vertrauen hat daher eine moralische Funktion. Das braucht nicht gegenüber allen Menschen so zu sein, es gibt auch den schamlosen Betrüger, aber das ist die Ausnahme, und man kann es auch merken. Umgekehrt drückt das Mißtrauen herab. Es ist eine Versuchung, sich negativ zu verhalten, wenn negatives Verhalten erwartet wird.

Ob jemand vertraut oder nicht, hängt stark von seiner Grundeinstellung ab, ob er die Menschen mehr für gut oder mehr für schlecht hält, ob seiner Meinung nach *der andere das Böse als Böses will oder einen anderen Begriff von dem hat, was er für gut hält.* Diese sehr allgemeine Frage ist empirisch schwer zu entscheiden, da die Menschen äußerst verschiedene Erfahrungen machen und wir alle dazu neigen, unsere Erfahrungen zu sehr zu verallgemeinern. Wesentlich für die Fundierung des Urvertrauens sind schon die Eindrücke der ersten Lebensjahre, wie oft Erwartungen bestätigt und wie oft sie durchkreuzt wurden, wobei es auf das Ausmaß des Bestätigungsgrades ankommt, denn nur Bestätigungen entsprechen ebensowenig der späteren Wirklichkeit wie nur Durchkreuzungen.

Daher ist es im ganzen sinnvoll, von der *heuristischen Hypothese* auszugehen, daß die anderen Menschen es gut meinen, aber andere Begriffe vom Guten haben, so daß die *Begriffsklärung zur entscheidenden Aufgabe wird.* Es besteht, wie es scheint, wenig Veranlassung, anzunehmen, daß die Menschen ganzer Bevölkerungsgruppen oder Länder im statistischen Mittel schlechter sind als andere, liegt doch häufig der Beunruhigung nur die Tatsache zugrunde, daß sie in anderen Vorstellungen befangen sind. Ob sie wirklich besser oder schlechter sind, ist überhaupt sehr schwer zu entscheiden, so daß man mit diesem Urteil zurückhaltend sein sollte, aber die heuristische Hypothese hat den Erfolg, daß die Vertrauensbasis unschätzbare Vorteile für das Zusammenleben bringt, sie öffnet den Weg zum Verständnis, sie setzt das Kennenlernen an die Stelle der Verurteilung, und sie schafft den bisweilen sehr mühevollen Weg zu geeigneten Umgangsformen, zur Teilhabe, der in der Tat eine Erweiterung des Vorstellungsvermögens bedeutet.

Hier stehen wir vor der großen Aufgabe der Menschenkunde und Selbsterkenntnis, die wir in der Neuzeit so sehr vernachlässigt haben, daß es zu dem *cultural lag* gekommen ist. Mit der Entwicklung richtigen Vertrauens sind wir auf dem Wege, die anthropologischen Formen der bipolaren

Steuerung unseres Verhaltens zu verstehen und mit ihnen zu rechnen. Es ist der Weg zu einer neuen Form zwischenmenschlicher Beziehung, die die Gesellschaft von uns für die Integration der Technik fordert. Das ist eine große Aufgabe, die hier nur angedeutet werden konnte und die noch viel philosophische Besinnung und Selbstbeherrschung verlangen wird.

# NACHWORT

Fassen wir den Gedankengang dieser Erörterung zusammen. Eine ökologische Philosophie behandelt die umfassenden Zusammenhänge. Der Träger der Zusammenhänge im menschlichen Leben ist die Technik. Die Technik schafft ebenso die Möglichkeiten wie die Probleme der Verständigung. In der Frühzeit sind die menschlichen Gemeinschaften klein, und ihr Zusammenhang ist eng. Mit dem Evolutionsgesetz der Differenzierung und Integration entfalten sich die Gruppen, spezialisieren sich die Individuen und vergrößern sich die interindividuellen Unterschiede, die Verständigung wird erschwert, und an die Stelle des Einvernehmens tritt das Mißtrauen. Es gelingt nicht mehr, die Unterschiede im Wissen und in der Fertigkeit auf technischem Gebiet durch die Ausbildung auszugleichen, weil die Spezialisierung viel zu weit fortgeschritten ist, um dem einzelnen fachkompetente Urteile über fremde Arbeitsgebiete zu ermöglichen. Diese Entwicklung hat heute ihren Höhepunkt erreicht. Der Fortschritt der Zusammenarbeit ermöglicht immer größere Projekte, aber wir können uns immer weniger darüber verständigen, was gemacht werden soll. In seiner Existenz wird der Mensch immer mehr vom Mitmenschen abhängig, gleichzeitig fällt aber die Koordinierung gemeinsamen Handelns immer schwerer. Entwickeln sich die demokratischen Gemeinschaften zur Zersplitterung der Sprachen, zur Unregierbarkeit? Die gleiche Technik, die den Menschen zum *animal sociale* gemacht hat, führt uns durch die Entfremdung zu einem egozentrischen Zusammenbruch zwischenmenschlicher Verständigung. Der materielle wie der geistige Fortschritt fordern eine Neuorientierung des gesellschaftlichen Lebens. Die Technik bietet hierzu die Wege, aber sie führt auch zu Gefahren. Mit der Freizeit schenkt sie die Freiheit. Die Technik recht verstehen, heißt ihre Leistung, die Freizeit, recht verwenden. So wie die körperlichen Organe nicht nur der materiellen Bedürfnisbefriedigung dienen, sondern auch der geistigen Entwicklung, so sind auch die Organe der Technik Voraussetzung und Träger unserer Entwicklung schlechthin. Es ist ein Irrtum, der Technik nur den materiellen Bereich zuzuordnen. Auch die geistigen Leistungen, die Schrift, der geistige Austausch, die Forschung und Erweiterung der Erkenntnis haben die Technik zur Voraussetzung und steigern und vertiefen sich mit der Entwicklung der technischen Hilfsmittel. Ist nicht der in den Bibliotheken gespeicherte Stand unserer Zivilisation der in die Technik entäußerte Geist?

Die Freisetzung durch die Technik schafft den Raum, die eigene Natur in ihrer ambivalenten Struktur tiefer kennenzulernen und sich zu öffnen zu gemeinsamem Werk und zu umfassender Teilnahme.

Aber neben der Möglichkeit des Fortschritts spüren wir auch die Warnung. Bei den laufenden Arbeiten erfahren wir, daß sie in dem Netz ökologischer Zusammenhänge auf harte Grenzen stoßen. Uns kommt zum Bewußtsein, daß wir dieser Entwicklung nicht als Herr gegenüberstehen, sondern daß wir selbst ein Glied des Ganzen sind (S. 58). Zwar sind wir zu Gehilfen der Evolution geworden und können ihre Richtung beeinflussen, aber die Natur ist nicht der Stoff, mit dem wir beliebig verfahren können, sondern wir müssen uns ihr anpassen, auf daß sie nach ihren Gesetzen in unserem Sinne wirkt, wobei wir nicht nur die Akteure, sondern auch die Betroffenen dieser Wirkung sind. *Natura parendo vincitur*, die Natur wird besiegt, indem man ihr gehorcht, sagt Francis Bacon. Wir dürfen nicht vergessen, daß wir nicht außerhalb des Systems stehen, das wir zu lenken uns bemühen, daß wir nicht nur als Subjekt ihm gegenüberstehen, sondern auch als Objekt von ihm erfaßt werden, daß die Natur, die wir ebenso willfähig wie bösartig erleben können, noch mehr ist als der Partner, daß sie das Umgreifende ist.

Angesichts des Risikos der Existenz mag ein Gedanke uns ermutigen: Der Mensch mit seinem Lernorgan, dem Gehirn, ist als einziges Wesen in der Natur in der Lage, umzulernen (S. 33). Im subhumanen Bereich gelingt der Natur die Anpassung an den Wandel nur durch die Evolution neuer Arten. Zahllose Arten sind ausgestorben, weil ihre genetisch fixierte Anpassung auf die sich ändernde Natur nicht mehr gepaßt hat. Zwar ist bei der technischen Evolution die Entwicklungsgeschwindigkeit noch stark gestiegen. Aber das Gehirn ist in der Tat das Spitzenprodukt der Evolution, sein Anpassungsvermögen kann grundsätzlich auch mit den Veränderungen Schritt halten.

Freilich ist das Umlernen eine harte Aufgabe. Wir machen zur Zeit davon noch recht wenig Gebrauch. Wir stecken noch zu sehr im Erbe früherer Zeiten drin. Es wird noch intensiver Rückbesinnung auf die Grundlagen unserer Existenz und unserer Gemeinschaft bedürfen, und es gehört auch Lebensmut dazu, um diese Neuorientierung zu vollziehen. Es ist auch nicht vorauszusagen, welchen Völkern der Schritt besser gelingen wird und welchen schlechter. Die Zukunft wird lehren, durch welche Täler der Enttäuschung wir noch hindurch müssen, bis aus der Not bessere Einsicht erwächst. Aber wir sollten das Vertrauen auf die Zukunft nicht aufgeben.

# BEGRIFFSERLÄUTERUNGEN

Akzeptanz: Einverständnis der Öffentlichkeit in bezug auf technische Projekte.

Alternative: Entscheidung zwischen zwei Möglichkeiten.

Altpaläolithikum: die alte Epoche der Altsteinzeit von 2 Millionen bis 100000 v. Chr.

Ambivalenz: Bezeichnung für eine zugleich positive und negative Erlebnisbeziehung (Bleuler).

Anagenese: Höherentwicklung im Pflanzen- und Tierreich.

analytisch: zergliedernd.

apriori: vom Früheren her, das Vorausgesetzte, aufgrund dessen erkannt oder gedacht werden kann.

Assimilation: Annäherung, Angleichung, Verschmelzung.

Autökologie: die Lehre von der Beziehung des Einzelorganismus zu seinen äußeren Daseinsbedingungen.

bilateral: zweiseitig.

Bioroboter: ein Roboter (Automat), der mit Hilfe biologischer Umsetzungen arbeitet.

Biotechnik: ein Zweig der Technik, der sich biologischer Umsetzungen bedient.

Biozönologie: die Lehre von Lebensgemeinschaften in Wechselwirkung mit äußeren Faktoren.

Carotissinus: die Stelle der Teilung der Kopfschlagader. In der Wand liegen die Blutdruckzügler.

Demökologie: die Lehre von den Beziehungen einer Population zu ihrer Umwelt.

DNS-Moleküle: Desoxyribonukleinsäuremoleküle, die die Träger der genetischen Information sind.

Emanzipation: Befreiung von Individuen oder Gruppen, die in gesellschaftlicher Abhängigkeit gestanden haben.

Emergenz: das Auftauchen, das zum Vorschein kommen.

Entropie: eine physikalische Zustandsfunktion, die bestimmt, in welcher Richtung der Zustand sich verändert, wohin die Natur sich wendet (von griech. *entrepesthai,* sich hinwenden). Die Entropie nimmt bei irreversiblen Prozessen zu und bleibt bei reversiblen konstant. Boltzmann hat die Entropie als Logarithmus der Wahrscheinlichkeit eines Zustandes bestimmt, wobei sich der geordnete Zustand als der unwahrscheinliche, der ungeordnete als der wahrscheinliche ergibt.

Epistemologie: Erkenntnislehre.

ergotrop: die auf Leistungsbereitschaft und Aktivität eingestellte Haltung des Organismus.

Exteriorisierung: die Nach-außen-Verlagerung organischer Reaktionen durch die

Technik. Durch die Zubereitung der Nahrung am Feuer wird z. B. ein Teil der Verdauungsarbeit nach außen verlagert.

Fließgleichgewicht: Gleichgewichtszustand offener Systeme, die mit der Umgebung im Austausch von Energie und/oder Materie stehen, deren übrigen Zustandsgrößen aber trotz wechselnder Umwelteinflüsse konstant bleiben. Ein Heizkörper befindet sich z. B. im Fließgleichgewichtszustand.

Futurologie: Zukunftsforschung, systematische und kritische Behandlung von Zukunftsfragen.

Hedonismus: die Lehre, daß das Streben nach Lust (griech. *hedoné*) das menschliche Handeln bestimmen soll.

Heuristik: Methode des Auffindens neuer Erkenntnisse, Leitfaden für erfolgreiche Forschung.

Humanisierung: Herstellung menschenwürdiger Arbeitsverhältnisse.

Hypothalamus: Abschnitt des Zwischenhirns unterhalb des Thalamus.

Infrastruktur: Die Gesamtheit der staatlichen und privaten Einrichtungen, die für eine ausreichende Daseinsvorsorge und eine wirtschaftliche Entwicklung des Raumes erforderlich sind.

Inhibition: Hemmung.

integral: unverletzt, vollständig.

Katalysator: Reaktionsbeschleuniger; Stoffe, die durch Bildung von Zwischenverbindungen die chemischen Umsetzungen beschleunigen und teilweise auch lenken.

konvivial: das Zusammenleben betreffend.

Kybernetik: die Wissenschaft von den Wirkungsgefügen.

lateral: seitlich gelegen.

metastabil: Zustände, die eine endliche, aber geringe Zerfallswahrscheinlichkeit besitzen.

Mutation: Veränderung, Umwandlung, insbesondere die Veränderungen der genetischen Information.

neolithisch: neusteinzeitlich.

Ökosozialismus: ein ökologisches Konzept, das den Sozialismus als Grundhaltung fordert.

Polarität: das Verhältnis der Gegensätzlichkeit zwischen voneinander abhängigen, sich gegenseitig bedingenden Momenten oder Prinzipien.

prähistorisch: vorgeschichtlich; die Geschichte beginnt mit der schriftlichen Überlieferung.

realer Sozialismus: die gegenwärtige Gesellschaftsform der sozialistischen Länder.

Ressourcen: Hilfs- und Produktionsmittel für die wirtschaftliche Tätigkeit.

sanfte Verteidigung: ein Verteidigungskonzept, das anstelle von gewaltsamem Widerstand gewaltfreie Handlungen und Argumentation als Verteidigung empfiehlt.

Selektion: Auslese.

subhuman: der Bereich der Biologie mit Ausnahme des Menschen.

synchron: gleichzeitig, zeitlich angeglichen; im Gegensatz dazu bezeichnet diachron die geschichtlichen Änderungen.

Synergismus: Zusammenwirken.

strategisch: Lehre von der Kriegführung im großen, im Unterschied zur operativen Führung und Taktik; Bedenken der räumlichen und zeitlichen Fernwirkung auch im Rahmen der allgemeinen Planung.

Telematik: Methode, mit Hilfe der Nachrichtenübermittlung Konferenzen zwischen räumlich entfernten Teilnehmern zu führen, ein Weg zur Wiederbelebung der Heimarbeit.

trial and error: Versuch und Irrtum.

Triplet: die Einheit der genetischen Information, die aus drei aufeinander folgenden Mononukleotiden besteht.

trophotrop: Zustand des Organismus, der der Restitution, der Ernährung und Entspannung zugewandt ist.

Virulenz: der Grad krankmachender Eigenschaften eines Erregersystems, allgemein die Lebendigkeit.

volitiv: gewollt, den Willen betreffend.

Wildbeuter: Jäger und Sammler der Steinzeit; rechnet man mit einem Alter der Menschheit von 2 Millionen Jahren und mit Feldbau und Seßhaftwerdung (neolithische Revolution) um 10 000 v. Chr., so hat die Menschheit 99,5 % ihrer Existenz und Entwicklungszeit auf der Stufe der Wildbeuter verbracht.

# LITERATURVERZEICHNIS

Altner, Günter: Schöpfung am Abgrund. Neukirchen-Vluyn 1974.

–: Leidenschaft für das Ganze. Stuttgart/Berlin 1980.

Ashby, W. Ross: Design for a Brain. London 1960.

Bacon, Francis: Das neue Organon. Berlin 1962.

Bahro, Rudolf: Die Alternative. Reinbek 1980.

Beck, Heinrich: Philosophie der Technik. Trier 1979.

Binder, Paul: Die Wirtschaft – die materielle Grundlage unserer Zeit. Stuttgart 1972.

Birnbacher, Dieter: Ökologie und Ethik. Stuttgart 1980.

Böhm-Bawerk, Eugen von: Positive Theorie des Kapitals, Bd. 1. Jena 1921.

Bohr, Niels: Atomphysik und menschliche Erkenntnis. Braunschweig 1958.

–: Atomphysik und menschliche Erkenntnis II. Braunschweig 1966.

Born, Max: Erinnerungen und Gedanken eines Physikers. In: Universitas, Bd. 23, 1968.

Bossel, Hartmut: Bürgerinitiativen entwerfen die Zukunft. Frankfurt a. M. 1978.

Büchel, Wolfgang: Gesellschaftliche Bedingungen der Naturwissenschaft. München 1975.

Bundesminister für Forschung und Technologie: Rationelle Energieverwendung. Verlag TÜV Rheinland, Statusbericht 1982.

Butler, Samuel: Erewhon. Zürich 1961.

Campanella: Sonnenstaat. In: Der utopische Staat. Hamburg 1962.

conceptus: Zs. f. Philosophie, Jg. XV, Nr. 34, 1981.

Darwin, Charles: Die Entstehung der Arten durch natürliche Zuchtwahl. Stuttgart 1963.

Delschen, Karl-Heinz, und Jochem Gieraths: Philosophie der Technik. Frankfurt a. M./Berlin/München 1982.

Descartes, René: Die Prinzipien der Philosophie. Hamburg 1955.

–: Von der Methode des richtigen Vernunftgebrauchs. Hamburg 1960.

Dessauer, Friedrich: Streit um die Technik. Frankfurt 1958.

Driesch, Hans: Philosophie des Organischen. Leipzig 1909.

Eigen, Manfred, und Ruthild Winkler: Das Spiel, Naturgesetze steuern den Zufall. München 1975.

Engels, Friedrich: Anti-Dühring. Berlin 1960, S. 174.

Eppler, Erhart: Lebensstandard oder Lebensqualität? Stuttgart 1974.

–: Wege aus der Gefahr. Reinbek 1981.

Eucken, Walter: Kapitaltheoretische Untersuchungen. Tübingen 1954.

Ford, Henry: Philosophie der Arbeit. Dresden/Berlin 1930.

Forrester, Jay W.: World Dynamics. Cambridge, Mass. 1971.

Fromm, Erich: Haben oder Sein. München 1981.

Gehlen, Arnold: Der Mensch. Bonn 1950.

–: Die Seele im technischen Zeitalter. Reinbek 1957.

Gerwin, Robert: Die Welt-Energieperspektive. Analyse bis zum Jahr 2030 nach dem IIASA-Forschungsbericht ›Energy in an Finite World‹, vorgelegt von der Max-Planck-Gesellschaft. Stuttgart 1980.

Global 2000. Der Bericht an den Präsidenten. Deutsche Übers. hrsg. von Reinhard Kaiser. Zweitausendeins, Frankfurt a. M. 1980.

Global Future. Es ist Zeit zu handeln. Die Fortschreibung des Berichts an den Präsidenten. Hrsg. von Arnim Bechmann und Gerd Michelsen. Eine Veröffentlichung aus dem Öko-Institut Freiburg. Freiburg i. Br. 1981.

Goethe, Johann Wolfgang: Gedenkausgabe. Zürich ³1976.

Gorz, André: Abschied vom Proletariat. Köln 1980.

Grupp, Michael (Hrsg.): Wissenschaft auf Abwegen. Fellbach 1980.

Habermas, Jürgen: Technik und Wissenschaft als Ideologie. Frankfurt a. M. 1968.

Haeckel, Ernst: Kunstformen der Natur. Bibliographisches Institut. Leipzig 1899.

Halbach, Udo, und Heinz B. Müller: Euro-ökologischer Führer. Frankfurt a. M. 1982.

Havemann, Robert: Morgen. München 1980.

Hauff, Volker (Hrsg.): Bundesminister, Forschung in der Bundesrepublik Deutschland. Stuttgart 1976.

Heberer, Gerhard, Ilse Schwidetzky und Hubert Walter (Hrsg.): Anthropologie. Frankfurt a. M. 1970.

Hengstenberg, Hans-Eduard: Grundlegung der Ethik. Stuttgart/Berlin/Köln/Mainz 1969.

Hondrich, Karl Otto: Menschliche Bedürfnisse und soziale Steuerung. Reinbek 1975.

Höpp, Gerhard: Evolution der Sprache und Vernunft. Berlin/Heidelberg/New York 1970.

Huber, Joseph: Die verlorene Unschuld der Ökologie. Frankfurt a. M. 1982.

Hübner, Kurt: Von der Intentionalität der modernen Technik. In: Sprache im technischen Zeitalter, 25, 1968.

Huning, Alois: Das Schaffen des Ingenieurs. Düsseldorf 1974.

Huxley, Aldous: Schöne neue Welt. Frankfurt a. M. 1972.

I Ging, Das Buch der Wandlungen, Bd. 1 und 2. Hrsg. von Richard Wilhelm. Düsseldorf/Köln 1924.

Illich, Ivan: Selbstbegrenzung. Reinbek 1975.

Illies, Joachim: Das Geheimnis des grünen Planeten. Frankfurt a. M. 1982.

Jänicke, Martin (Hrsg.): Umweltpolitik. Opladen 1978.

Janshen, Doris: Rationalisierung im Alltag der Industriegesellschaft. Frankfurt a. M. 1980.

Jaspers, Karl: Vom Ursprung und Ziel der Geschichte. München 1949.

Jünger, Ernst: Sämtliche Werke. Stuttgart 1978–1983.

Jungk, Robert: Der Jahrtausend-Mensch. Gütersloh 1973.

– (Hrsg.): Enzyklopädie der Zukunft. Tübingen 1978.

Kadlec, Erich: Realistische Ethik. Verhaltenstheorie und Moral der Arterhaltung. Berlin 1976.

Kant, Immanuel: Werke in sechs Bänden. Hrsg. von Weischedel. Darmstadt 1983.

Kapp, Ernst: Grundlinien einer Philosophie der Technik. Braunschweig 1877.

Knizia, Klaus: Energie, Ordnung, Menschlichkeit. Düsseldorf 1981.

Krämer, Sybille: Technik, Gesellschaft und Natur. Frankfurt a. M. 1982.

Kuhn, Thomas S.: Die Struktur wissenschaftlicher Revolutionen. Frankfurt a. M. 1967.

Lenk, Hans: Erklärung, Prognose, Planung. Freiburg i. Br. 1972.

–: Pragmatische Philosophie. Hamburg 1975.

–, und Günter Ropohl: Technische Intelligenz im systemtechnologischen Zeitalter. Düsseldorf 1976.

–, und Günter Ropohl (Hrsg.): Systemtheorie als Wissenschaftsprogramm. Königstein i. Ts. 1978.

–: Zur Sozialphilosophie der Technik. Frankfurt a. M. 1982.

Leroi-Gourhan, André: Hand und Wort. Die Evolution von Technik, Sprache und Kunst. Frankfurt a. M. 1980.

Löbsack, Theo: Versuch und Irrtum. Der Mensch: ein Fehlschlag der Natur. München/Gütersloh/Wien 1974.

Löw, Reinhard, Peter Koslowski und Philipp Kreuzer: Fortschritt ohne Maß? München 1981.

Luck, Werner A. P.: Homo investigans, Der soziale Wissenschaftler. Darmstadt 1976.

Luhmann, Niklas: Vertrauen, ein Mechanismus der Reduktion sozialer Komplexität. Stuttgart 1973.

Mantegazza, Paul: Das Jahr 3000. Jena 1897.

Marcuse, Herbert: Der eindimensionale Mensch. Neuwied/Berlin 1967.

Marx, Karl: Marx-Engels-Werke (MEW). Berlin 1974.

–, und Friedrich Engels: Ausgewählte Werke in zwei Bänden. Berlin 1966.

–: Grundrisse der Kritik der politischen Ökonomie. Frankfurt a. M. 1939, 1941.

Meadows, Denis u. a.: Die Grenzen des Wachstums. Bericht des Club of Rome zur Lage der Menschheit. Stuttgart 1972.

Mesarović, Mihailo, und Eduard Pestel: Menschheit am Wendepunkt. 2. Bericht an den Club of Rome zur Weltlage. Stuttgart 1974.

Meves, Christa, und Heinz Dietrich Ortlieb: Macht Gleichheit glücklich? Freiburg i. Br. 1978.

Meyer-Abich, Klaus M. (Hrsg.): Frieden mit der Natur. Freiburg i. Br. 1979.

–, und Dieter Birnbacher (Hrsg.): Was braucht der Mensch, um glücklich zu sein. München 1979.

Michelsen, Gerd, Uwe Rühling und Fritz Kalberlah: Der Fischer Öko-Almanach 82/83. Daten, Fakten, Trends der Umweltdiskussion. Frankfurt a. M. 1982.

– (Hrsg.): Ökopolitik – aber wie? Ergänzungsband zu Der Fischer Öko-Almanach 82/83. Frankfurt a. M. 1983.

Mishan, E. J.: Die Wachstumsdebatte. Stuttgart 1980.

Mittlere Technologie, Bd. 18 der Schriftenreihe der Georg-Michael-Pfaff-Gedächtnisstiftung. Kaiserslautern 1976.

Monod, Jacques: Zufall und Notwendigkeit. München 1971.

Morus, Thomas: Utopia. In: Der utopische Staat. Hamburg 1962.

Moser, Simon, Günter Ropohl und Walther Zimmerli: Die „wahren" Bedürfnisse, oder: Wissen wir, was wir brauchen? Basel/Stuttgart 1978.

Müller-Karpe, Hermann: Geschichte der Steinzeit. München 1974.

Nietzsche, Friedrich: Jenseits von Gut und Böse. Leipzig 1924.

–: Der Wille zur Macht. Leipzig 1959.

Nowotny, Helga: Kernenergie: Gefahr oder Notwendigkeit. Frankfurt a. M. 1979.

Odum, Eugene P.: Grundlagen der Ökologie. Stuttgart 1980.

Oldemeyer, Ernst: Entwurf einer Typologie des menschlichen Verhältnisses zur Natur. In: Zur Kulturgeschichte der Natur, G. Grossklaus / E. Oldemeyer (Hrsg.): Karlsruhe 1983.

Opaschowski, Horst W.: Pädagogik der Freizeit. Bad Heilbrunn 1976.

Ortega y Gasset, José: Betrachtungen über die Technik. Stuttgart 1949.

Peccei, Aurelio (Hrsg.): Das menschliche Dilemma. Wien 1979.

Pestalozzi, Hans A.: Nach uns die Zukunft. München 1979.

Pestel, Eduard (Hrsg.): Das Deutschlandmodell. Herausforderungen auf dem Weg ins 21. Jahrhundert. Frankfurt a. M. 1980.

Pfeiffer, W., und G. Netze in: Zs. f. fortschrittliche Betriebsführung und Industrial Engineering, 1977, S. 371 ff.

Piaget, Jean: Psychologie der Intelligenz. München 1976.

–: Abriß der genetischen Epistemologie. Olten/Freiburg 1974.

Pinder, Wilhelm: Das Problem der Generation in der Geistesgeschichte Europas. Berlin 1927.

Popper, Karl: Objektive Erkenntnis. Ein evolutionärer Entwurf. Hamburg 1973.

Portmann, Adolf: An den Grenzen des Wissens. Düsseldorf 1974.

Prigogine, Ilya, und Isabelle Stengers: Dialog mit der Natur. München 1980.

Rapp, Friedrich: Analytische Technikphilosophie. Freiburg i. Br. München 1978.

– (Hrsg.).): Ideal und Wirklichkeit der Techniksteuerung. Düsseldorf 1982.

Rechenberg, Ingo: Evolutionsstrategie, Optimierung technischer Systeme nach den Prinzipien der biologischen Evolution. Stuttgart-Bad Cannstatt 1973.

Renn, Ortwin: Die sanfte Revolution. Zukunft ohne Zwang? Essen 1980.

Rensch, Bernhard: Biologie II (Zoologie). Frankfurt a. M. 1963.

–: Gedächtnis, Generalisation und Abstraktion bei Tieren. Köln/Opladen 1962.

Ropohl, Günter: Einführung in die allgemeine Systemtheorie. In: Hans Lenk und Günter Ropohl (Hrsg.): Systemtheorie als Wissenschaftsprogramm. Königstein i. Ts. 1978, S. 9.

Ropohl, Günter: Eine Systemtheorie der Technik. München/Wien 1979.

Rousseau, Jean Jacques: Schriften zur Kulturkritik. Hamburg 1971.

–: Der Gesellschaftsvertrag. Stuttgart 1971.

Sachsse, Hans: Technik und Verantwortung. Freiburg i. Br. 1972.

–: Anthropologie der Technik. Braunschweig 1978.

–: Was ist Sozialismus? München 1979.

–: Einführung in die Naturphilosophie, Bd. I und II. Braunschweig 1967 und 1968.

Scheler, Max: Die Wissenschaftsformen und die Gesellschaft. In: Zweite Auflage der Werke, Bd. 8. Hrsg. von Maria Scheler. Bern/München 1960.

Scheuch, Erwin K.: Soziologie der Freizeit. In: Freizeit und Konsum. Hrsg. von René König. Stuttgart 1969.

Schlaffke, Winfried, und Otto Vogel (Hrsg.): Industriegesellschaft und technologische Herausforderung. Köln 1981.

Schneider, Reinhold: Winter in Wien. In: Werke. Bd. 10. Frankfurt a. M.

Schumacher, E. F.: Das Ende unserer Epoche. Reinbek 1980.

Siebker, Manfred: Zerfall und neue Synthese in Gesellschaft und Wissenschaft – Ist eine Unschuld Zweiter Ordnung möglich? In: Wissenschaft auf Abwegen. Hrsg. von Michael Grupp. Fellbach 1980.

Spaemann, Robert: Technische Eingriffe in die Natur als Problem der politischen Ethik. In: Scheidewege, 1979, Heft 4, S. 476 ff.

Steinbuch, Karl: Mensch, Technik, Zukunft, Basiswissen für Probleme von morgen. Stuttgart 1971.

–: Falsch programmiert, Über das Versagen unserer Gesellschaft in der Gegenwart und vor der Zukunft und was eigentlich geschehen müßte. Stuttgart 1968.

Stork, Heinrich: Einführung in die Philosophie der Technik. Darmstadt 1977.

Strasser, Johano, und Klaus Traube: Die Zukunft des Fortschritts. Der Sozialismus und die Krise des Industrialismus. Bonn 1981.

Swift, Jonathan: Lemuel Gullivers Reisen in verschiedene ferne Länder der Welt. Zürich 1955.

Technologie und Politik, aktuell-Magazin 5. Hrsg. von Freimut Duve. Reinbek 1976.

Thomas von Aquin: Summe der Theologie. Hrsg. von Bernhart. Leipzig 1934.

Der Traum der roten Kammer, Chinesischer Roman aus dem 18. Jahrhundert. Hrsg. von Franz Kuhn. Frankfurt a. M. 1977.

Ullmann, Arieh A.: Industrie und Umweltschutz, Implementation von Umweltschutzgesetzen in deutschen Unternehmen. Frankfurt a. M. 1982.

Ullrich, Otto: Weltniveau in der Sackgasse des Industriesystems. Berlin 1979.

–: Technik und Herrschaft. Frankfurt a. M. 1979.

Verne, Jules: Von der Erde zum Mond. Reise um den Mond. Ein Drama in den Lüften. Frankfurt a. M. 1966.

Vester, Frederic: Denken, Lernen, Vergessen. München 1980.

–: Neuland des Denkens, Vom technokratischen zum kybernetischen Zeitalter. Stuttgart 1980.

Waas, Ulrich: Kernenergie, ein Votum für Vernunft. Köln 1981.

Weber, Max: Methodologische Schriften. Frankfurt a. M. 1968.

Wells, Herbert George: Der Luftkrieg. Stuttgart 1909.

Wiswede, Günter: Motivation und Verbraucherverhalten (UTB). München/Basel 1973.

Wittfogel, Karl A.: Die orientalische Despotie. Eine vergleichende Untersuchung totaler Macht. Köln/Berlin 1962.

Wohlfarth, Horst (Hrsg.): 40 Jahre Kernspaltung. Eine Einführung in die Originalliteratur. Darmstadt 1979.

Wollgast, Siegfried, und Gerhard Banse: Philosophie der Technik. Berlin 1979.

Ziman, John: Wie zuverlässig ist wissenschaftliche Erkenntnis? Braunschweig/Wiesbaden 1982.

Zimmerli, Walther Ch. (Hrsg.): Technik oder wissen wir was wir tun? Basel/Stutt-
    gart 1976.

–: Die 'wahren' Bedürfnisse oder wissen wir, was wir brauchen? Basel/Stuttgart
    1978.

# REGISTER

*Personen*

## Sachen